KB033462

# 고린도전서 강해

## AN EXPOSITION ON THE APOSTLE PAUL'S FIRST EPISTLE TO THE CORINTHIANS

〔3판〕

김효성
Hyosung Kim
Th.M., Ph.D.

옛신앙
oldfaith
2023

# 머리말

주 예수 그리스도(마 5:18; 요 10:35)와 사도 바울(갈 3:6; 딤후 3:16)의 증거대로, 성경은 하나님의 말씀이다. 성경이 하나님의 말씀이며 우리의 신앙과 행위에 있어서 정확무오한 유일의 법칙이라는 고백은 우리의 신앙생활에 있어서 매우 기본적이고 중요하다.

웨스트민스터 신앙고백에 진술된 대로(1:8), 우리는 성경의 원본이 하나님의 감동으로 오류가 없이 기록되었고 그 본문이 "그의 독특한 배려와 섭리로 모든 시대에 순수하게 보존되었다"고 믿는다. 이것은 교회의 전통적 견해이다. 그러므로 우리는 신약성경의 헬라어 비잔틴 다수 사본들의 본문이 순수하게 보존된 성경 원본의 본문에 가장 가까운 본문으로 여전히 받아들여져야 한다고 본다.

성경은 성도 개인의 신앙생활뿐 아니라, 교회의 모든 활동들에도 유일한 규범이다. 오늘날처럼 다양한 풍조와 운동이 많은 영적 혼란의 시대에, 우리는 성경으로 돌아가 성경이 무엇을 말하는지 묵상하기를 원하며 성경에 계시된 하나님의 모든 뜻을 알기를 원한다.

성경으로 설교할지라도 그것을 바르게 해석하고 적용하지 않으면, 말씀의 기근이 올 것이다(암 8:11). 오늘날 많은 설교와 성경강해가 있지만, 순수한 성경 지식과 입장은 더 흐려지고 있는 것 같다.

그러므로 오늘날 요구되는 성경강해는 성경 본문의 뜻을 명료하게 해석하고 적용하는 것일 것이다. 실상, 우리는 성경책 한 권으로 충분하다. 성도는, 유일한 선생님이신 성령의 지도를 구하며 성경을 읽어야 하고, 성경강해는 오직 작은 참고서로만 사용해야 할 것이다.

심히 부족한 종에게 지혜와 분별력과 간절함과 건강을 주시고 또 약한 남편을 위해 일평생 헌신한 아내를 주시고 또 많은 기도와 물질로 후원한 성도들과 합정동 교회를 주신 하나님께만 영광을 돌린다.

# 내용 목차

# 서론

고린도전서의 **저자**는 사도 바울이다(고전 1:1-3; 16:21). 속사도 시대의 저작자인 로마의 클레멘트는 본 서신을 "복스러운 사도 바울의 서신"이라고 불렀고, 이레니우스, 알렉산드리아의 클레멘트, 터툴리안 등은 본 서신을 많이 인용하였다.

**고린도**는 고대 그리스의 도시로 아테네에서 약 60km 서쪽에 위치했는데, 동쪽으로 애게 바다와 서쪽으로 이오니아 바다를 연결하고 있었다. 그 도시는 매우 부요했고 매우 음란했다. 사도행전 18장에 보면, 사도 바울은 2차 전도여행 시 고린도에 들려 안식일마다 회당에서 복음을 전하였고 유대인과 헬라인을 권면했다. 유대인들의 핍박이 있었을 때 그는 회당 옆에 있었던 디도 유스도의 집에서 복음을 전했고 고린도에서 1년 6개월을 머물며 복음을 전했다. 그것이 고린도교회의 시작이었다.

바울은 본 서신을 썼을 때 에베소에 있었고 그에게 광대하고 효력 있는 전도의 문이 열리고 있었다(고전 16:8-9). 그러므로 본 서신은 바울이 에베소에서 주후 54년 혹은 55년 봄경에 썼을 것이다.

고린도전서의 **특징적 주제**는 '교회의 문제들'이다. 이 서신에서 다루어진 문제들은 교회 안의 분쟁, 음행한 교인의 포용, 권징, 성도의 법정 소송, 우상제물과 우상숭배, 여자의 머리 수건 문제, 성찬, 성령의 은사, 부활, 헌금 등의 문제이다. 이런 문제들에 대한 대답으로 주어진 본 서신의 내용은 그 당시의 고린도교회에만 적용되는 것이 아니고 또한 후시대의 모든 교회들에게도 적용된다. 본 서신은 오늘 우리에게도 많은 교훈을 주는 하나님의 말씀이다.

# 1장: 십자가의 도

## 1-17절, 단합을 권면함

**〔1-3절〕 하나님의 뜻을 따라 그리스도 예수의 사도로 부르심을 입은 바울과 및 형제 소스데네는 고린도에 있는 하나님의 교회 곧 그리스도 예수 안에서 거룩하여지고**(헤기아스메노이스 ἡγιασμένοις)(완료분사)[거룩하여졌고] **성도라**[성도로] **부르심을 입은 자들과 또 각처에서 우리의 주 곧 저희와 우리의 주 되신 예수 그리스도의 이름을 부르는 모든 자들에게** [편지하노니] **하나님 우리 아버지와 주 예수 그리스도로 좇아 은혜와 평강**[평안]**이** [너희에게] **있기를 원하노라.**

사도 바울은 자신이 하나님의 뜻을 따라 그리스도 예수의 사도로 부르심을 입었다고 말한다. 하나님께서 그를 사도로 부르셨기 때문에 그의 사도직은 권위가 있었다. 오늘날 하나님의 뜻은 성경에 잘 계시되어 있다. 예를 들어, 디모데전서 3:2-7은 감독의 자격에 대해 말한다. 그것은 하나님의 뜻이라고 우리는 믿는다. 오늘날 하나님께서 직분자로 부르시는 몇 가지의 표가 있다고 본다. 첫째, 그 직분을 위한 마음의 강한 소원이다(빌 2:13). 둘째, 그 직분을 위한 은사 확인이다(롬 12:6). 셋째, 회중들의 인정과 추천과 선택이다(행 6:5-6).

바울은 '예수 그리스도의 사도'로 부르심을 받았다. '사도'는 보냄을 받은 자라는 뜻이다. 그를 보내신 자는 예수 그리스도이시다. 예수께서는 핍박자 사울을 부르셔서 사도로 만드셨다(행 9장). 예수 그리스도께서는 사도들을 복음 전파자로 택하시고 보내셨다(롬 1:1).

사도 바울은 "고린도에 있는 하나님의 교회 곧 그리스도 예수 안에서 거룩하여졌고 성도로 부르심을 입은 자들"에게 편지하였다. 신약성경의 많은 구절들은 하나님께서 주 예수 그리스도를 믿는 자들을 부르셨다고 말한다(롬 1:6, 7; 8:28; 11:29; 고전 1:2, 24, 26; 7:20; 엡

1:18; 4:1, 4; 빌 3:14; 살후 1:11; 딤후 1:9; 히 3:1; 벧후 1:10; 유 1; 계 17:14 등). 그것은 구원으로의 부르심이다. 이 부르심을 받은 자들은 성도가 되었다. 교회는 하나님의 부르심을 받은 성도들의 모임이다.

'하나님의 교회'라는 말은 교회가 하나님의 소유물임을 보인다. 그 부르심을 받은 성도들은 하나님의 택하신 족속과 그의 소유된 백성이며(벧전 2:9) 그의 특별한 사랑의 대상이다(롬 1:7). 그러므로 교회는 하나님의 특별한 보호와 후원을 받는다.

그들은 '그리스도 예수 안에서 거룩하여진' 자들이다. 사람의 근본 문제는 죄 문제이었다. 죄 때문에 사람은 불행하게 되었고 하나님의 진노 아래 있게 되었다. 사람은 심히 부패한 죄인들이며 어찌 할 수 없는 죄인들이었다. 그런데 예수께서 하나님의 뜻을 따라 이 세상에 오셨다. 죄 없으신 그가 십자가에 달려 피흘려 죽으심으로 우리의 죄와 형벌을 담당하셨다. 주 예수 그리스도의 보혈로 우리의 죄가 씻음 받게 되었다. 죄씻음과 거룩하여짐이 구원이다. 죄가 죽음과 불행의 원인이었고 죄씻음 받음은 영생과 행복과 평안의 원인이다. '성도'라는 명칭은 바로 이런 자들에게 붙여진 매우 존귀한 이름이다.

예수 그리스도께서는 십자가 위에서 우리의 구속(救贖)을 다 이루셨다(요 19:30). 그는 우리의 의와 거룩이 되셨다(롬 10:4; 고전 1:30). 죄인들은 예수 그리스도를 믿음으로 법적인 의미에서 의롭다 하심을 얻었고 거룩해졌다. 이것이 구원이다. 이것이 중세시대에 가려졌었으나 종교개혁자들에 의해 다시 발견되었던 성경적 복음이며(롬 3:24; 히 10:10, 14) 여기에 참 자유와 평안이 있다(갈 5:1; 롬 5:1).

바울은 고린도 교인들에게만 문안하지 않고 각처에서 우리의 주 곧 그들과 우리의 주 되신 예수 그리스도의 이름을 부르는 모든 자들에게 문안하였다. 성도는 주 예수 그리스도의 이름을 부르는 자들이다. 예수 그리스도께서는 우리의 '주님'이시다. 바울은 본 서신에서 예수님을 약 68회 '주'라고 불렀다. '주'라는 말은 주인, 소유자, 하나님 등의 복합적 의미를 가진다. 예수님을 주님이라고 부르는 것은 그리스도인의 기본적 고백이며 그에 대한 복종을 고백하는 것이다. 또 이 고백은 사람이 죄와 멸망으로부터 구원 얻은 표가 된다(롬 10:9).

사도 바울은 "하나님 우리 아버지와 주 예수 그리스도로부터 은혜와 평안이 너희에게 있기를 원하노라"고 말했다. 하나님 우리 아버지와 주 예수 그리스도로부터 오는 은혜는 구원의 은혜이다. 그것 없이는 아무도 구원을 얻을 수 없다. 성화도 하나님의 은혜이다. 그것은 영원한 생명의 길이다. 또 평안은 사람이 은혜로 구원 얻은 결과로 누리는 복이다. 죄인은 평안의 길을 알지 못했다. 악인에게는 평안이 없다(사 48:22). 그러나 예수께서는 참 평안을 주셨다(마 11:28). 평안이라는 말은 마음의 평안, 몸의 건강, 물질적 안정, 사회적 안정 등을 다 포함한다. 이 세상은 언제나 불안정하지만, 성도에게는 하나님과 예수 그리스도로부터 오는 참된 평안이 있다(요 14:27).

**[4-9절] 그리스도 예수 안에서 너희에게 주신 하나님의 은혜를 인하여 내가 너희를 위하여 항상 하나님께 감사하노니 이는 너희가 그의 안에서 모든 일 곧 모든 구변(口辯)과 모든 지식에 풍족하므로 그리스도의 증거가 너희 중에 견고케 되어 너희가 모든 은사에 부족함이 없이 우리 주 예수 그리스도의 나타나심을 기다림이라. 주께서 너희를 우리 주 예수 그리스도의 날에 책망할 것이 없는 자로 끝까지 견고케 하시리라. 너희를 불러 그의 아들 예수 그리스도 우리 주로 더불어 교제케 하시는 하나님은**[께서는] **미쁘시도다.**

사도 바울은 그리스도 예수 안에서 그들에게 주신 하나님의 은혜를 인하여 하나님께 항상 감사하였다. 그는 그가 감사한 이유를 좀더 설명한다. 첫째로, 그는 하나님께서 그들에게 말과 지식의 풍족함을 주셨고 그리스도의 증거, 즉 그리스도에 대한 증거가 견고케 되게 하셨음을 감사했다. 우리의 믿음은 그리스도에 대한 증거, 즉 그가 처녀 마리아에게서 출생하셨고 많은 기적들을 행하셨고 죽은 지 삼일 만에 부활하셨고 40일 만에 승천하셨다는 사실들에 근거한다. 그것들은 다 증인들의 증언들에 의한 것이다. 그것은, 그 사실들이 긴 시대적 간격이 있음에도 불구하고 오늘날 우리에게 믿어지는 이유이다. 성경은 진실한 증인들의 증언의 책이다. 우리의 믿음은 그 위에 근거한다. 고린도 교인들은 그리스도에 대한 사실들을 확신했다.

둘째로, 그는 그들이 주 예수 그리스도의 재림을 기다렸기 때문에 감사하였다. 믿음, 소망, 사랑, 이 세 가지는 모든 성도에게 항상 있어야 할 요소들이다(고전 13:13). 믿음은 예수 그리스도의 십자가 속죄 사역을 믿는 것이며, 사랑은 예수 그리스도의 교훈을 행하는 것이며, 소망은 주의 재림과 천국을 사모하며 기다리는 것이다. 예수 그리스도의 재림은 모든 성도들의 소망이요 큰 힘과 위로이다.

셋째로, 그는 주 예수께서 그들을 그의 재림의 날에 책망할 것이 없는 자로 끝까지 견고케 하실 것이기 때문에 감사하였다. 주 예수께서는 우리를 구원하시는 구주이시다. 사도 바울은 빌립보서 1:6에서, "너희 속에 착한 일을 시작하신 이가 그리스도 예수의 날까지 이루실 줄을 우리가 확신하노라"고 말했다. 하나님의 구원은 완전하다. 하나님께서 택하시고 그리스도께서 피흘려 구속(救贖)하신 자들은 하나도 남김 없이 다 영생에 이를 것이다(요 6:39; 10:28; 롬 8:30).

주께서는 피흘려 사신 자들을 다 찾으실 것이며 그가 찾아 구원하신 자들을 결코 버리지 않으시고 끝까지 견고케 하실 것이다. 성도의 구원은 보장된다. 그는 우리를 책망할 것이 없는 인격자로 훈련시키시고 보존시키실 것이다. 여기에 우리의 위로와 담대함이 있다.

하나님께서는 신실하시다. 그가 우리를 불러 예수님 믿어 구원 얻게 하셨다면, 끝까지 그렇게 하실 것이다. 그는 결코 우리를 버리지 않으실 것이다. 우리가 주를 알지 못하고 방황하며 주를 대항하며 죄 가운데 살았을 때 그가 우리를 불쌍히 여기셔서 구원하셨다면, 그는 우리가 지금도 부족과 연약이 많을지라도 끝까지 우리를 붙드시고 지키실 것이다. 그러므로 우리는 낙망치 말고 더욱 분발해야 한다.

〔10절〕 **형제들아, 내가 우리 주 예수 그리스도의 이름으로 너희를 권하노니 다 같은 말을 하고 너희 가운데 분쟁**(스키스마 σχίσμα)[분열]**이 없이 같은 마음**(누스 νοῦς)[생각 mind]**과 같은 뜻**(그노메 γνώμη)[판단 judgment](KJV, NASB)**으로 온전히 합하라.**

바울은 고린도교인들을 '형제들'이라고 불렀다. '형제들'이라는 말은 예수 그리스도를 믿는 성도들에 대한 겸손한 호칭이다. 모든 성도는 주 안에서 다 형제이다. 바울은 그들에게 '우리 주 예수 그리스도의 이름으로' 권면했다. '우리 주 예수 그리스도의 이름으로'라는 말은 '우리 주 예수 그리스도의 권위로'라는 뜻일 것이다. 그러나 그는 무엇을 명령하지 않고 권면하였다. 그에게는 명령할 권위가 있었으나 그는 권면하였다. 이것도 우리가 본받을 만한 겸손한 모습이다.

사도 바울은 그들이 다 같은 말을 하고 분열이 없이 같은 생각과 같은 판단으로 온전히 합하라고 권면했다. 말은 생각과 판단의 표현이다. 생각과 판단이 같으면 말이 같아지지만, 생각과 판단이 다르면 말도 달라진다. 하나님의 뜻은 교회가 분열이 없이 같은 생각과 같은 판단으로 온전하게 단합하여 진행하는 것이다.

〔11-12절〕 **내 형제들아, 글로에의 집 편으로서 너희에게 대한 말이 내게 들리니 곧 너희 가운데 분쟁이 있다는 것이라. 이는 다름 아니라 너희가 각각 이르되 나는 바울에게, 나는 아볼로에게, 나는 게바에게, 나는 그리스도에게 속한 자라 하는 것이니.**

고린도교회에는 여러 가지 문제들이 있었는데, 그 첫 번째 문제가 분쟁의 문제이었다. 그 교회에는 바울을 따르는 자들과 아볼로를 따르는 자들과 게바 즉 베드로를 따르는 자들이 있었고, 또다른 이들은 그리스도를 따른다고 말했다. 교회가 아직 분열되지는 않았을지라도 교인들 안에는 이미 단합된 마음이 없었고 교인들끼리 분파를 조성하고 있었다. 이것은 예수 그리스도의 교회답지 않았다.

**〔13절〕 그리스도께서 어찌 나뉘었느뇨? 바울이 너희를 위하여 십자가에 못박혔으며 바울의 이름으로 너희가 세례를 받았느뇨?**

예수 그리스도께서는 한 분이신데 그의 몸된 교회에 어떻게 분파가 합당하겠는가? 그 교회를 개척한 바울이라 할지라도 그리스도와 비교될 수 없다. 그리스도께서 그들을 위해 십자가에 죽으셨고 바울이 죽지 않았다. 그들은 바울의 이름으로가 아니고 예수 그리스도의 이름으로 세례를 받았다. 교회의 머리는 오직 주 예수 그리스도뿐이시다. 우리는 주 예수 그리스도 안에서 겸손히 서로 사랑하고 복종하며 일치단합해야 한다. 분쟁과 분열은 수치스런 죄악이다.

**〔14-17절〕 그리스보와 가이오 외에는 너희 중 아무에게도 내가 세례를 주지 아니한 것을 감사하노니 이는 아무도 나의 이름으로 세례를 받았다 말하지 못하게 하려 함이라. 내가 또한 스데바나 집 사람에게 세례를 주었고 그 외에는 다른 아무에게 세례를 주었는지 알지 못하노라. 그리스도께서 나를 보내심은 세례를 주게 하려 하심이 아니요 오직 복음을 전케 하려 하심이니 말의 지혜로 하지 아니함은 그리스도의 십자가가 헛되지 않게 하려 함이라.**

세례는 주께서 친히 명하신 의식이며(마 28:19) 믿는 자는 세례를 받아야 하며 세례를 받지 않는 것은 주의 명령을 어기는 죄가 된다. 그러나 그리스도께서 바울을 그 곳에 보내신 것은 세례를 주게 하시기 위함이 아니고 복음을 전하게 하시기 위함이었다. 세례는 중요하지만 구원에 본질적이지는 않다. 즉 세례 받으면 반드시 구원 얻는다든지 세례 받지 못하면 구원 얻지 못하는 것은 아니다. 구원에 본질적인 것은 복음 신앙뿐이다. 사람은 회개하고 복음을 믿음으로 구원을 얻는다. 회개하고 복음을 믿는 자는 구원을 얻고 복음을 믿지 않는 자는 구원을 얻지 못하고 멸망에 이를 것이다(막 16:16; 요 3:36).

사도 바울은 복음을 전하되 말의 지혜로 하지 않았다. 구원은 오직 하나님의 하시는 일이다. 그것은 죄인들이 자신들의 죄를 회개하고 구주 예수 그리스도의 십자가 대속(代贖)을 믿음으로 얻게 된다.

본문의 교훈을 정리해보자. 첫째로, 우리는 성도로 부르심 받은 것을 감사하며 거룩한 삶을 살아야 한다. 예수 그리스도를 믿는 자들은 이미 거룩함을 얻었다. 구원 얻은 성도들은 이제 하나님의 부르심에 합당한 거룩한 삶을 살아야 한다. 사도 바울은 고린도교인들이 예수 그리스도에 대한 증거를 확신한 것을 감사했고 주께서 그들을 주 예수 그리스도의 날에 책망할 것이 없는 자로 끝까지 견고케 하실 것을 믿고 감사했다. 그것은 신자들의 성화의 확실함과 끝까지 견딤의 진리를 보인다. 우리는 하나님께서 우리의 성화를 이루실 것을 믿고 더욱 분발해야 한다.

둘째로, 우리는 특히 예수 그리스도의 재림을 기다려야 한다. 사도 바울은 고린도교인들이 예수 그리스도의 나타나심을 기다리기 때문에 하나님께 감사하였다. 믿음, 소망, 사랑, 이 세 가지는 항상 있어야 할 덕목이다(고전 13:13). 예수 그리스도의 나타나심과 강림하심은 동일한 사건이다(눅 17:30; 살전 4:16; 살후 1:7, 10; 히 9:28). 예수 그리스도의 재림은 모든 그리스도인들의 복된 소망이다. 예수 그리스도의 재림으로 역사의 종말이 올 것이다. 주의 재림과 함께 마지막 심판과 죽은 자들의 부활과 영광의 천국이 이루어질 것이다. 그것은 하나님의 확실한 약속이다. 우리는 예수 그리스도의 재림을 간절히 기다려야 한다.

셋째로, 우리는 항상 예수 그리스도 안에서 단합해야 한다. 우리는 다 같은 말을 하고 우리 가운데 분열이 없이 같은 생각과 같은 판단으로 온전히 단합해야 한다. 교회는 지도자들 때문에 분열해서는 안 된다. 우리를 위해 십자가에 죽으시고 우리를 구원하신 이는 예수 그리스도뿐이시다. 우리는 그의 이름으로 세례를 받았고 죄사함과 의롭다 하심을 얻었다. 우리는 교리적 차이 때문에 교파가 불가피하다고 생각하지만, 그 교파가 성경의 근본 교리에서 이탈한 이단이 아니라면, 우리는 다른 교회도 하나님의 교회의 지체로 인정하고 서로 사랑해야 한다.

## 18-31절, 십자가의 도

**〔18절〕 십자가의 도(道)**(로고스 λόγος)[말씀]**가 멸망하는 자들에게는 미련한 것이요 구원을 얻는 우리에게는 하나님의 능력이라.**

기독교 복음은 '십자가의 도(道)' 즉 '십자가의 말씀'이다. 그것은 그리스도께서 죄인들을 위해 십자가에서 속죄의 죽음을 죽으셨다는 소식이다. 하나님의 아들 예수 그리스도께서 십자가에 달려 죽으셨다는 사실과 그 죽음의 속죄적 의미가 죄인들에게 복된 소식이다. 그러나 십자가의 복음 앞에서 사람들은 두 부류로 나뉜다. 멸망하는 자들에게는 복음이 미련하고 어리석은 것으로 보인다. 그들은 복음을 깨닫지 못하고 믿지 못한다. 그러나 구원 얻는 자들에게는 복음이 하나님의 능력이 된다. 구원 얻는 자들은 자신들의 죄를 깨닫고 거기서 돌이키며 구주 예수님의 대속(代贖)의 소식을 듣고 감사한 마음으로 그를 믿고 구원을 얻는다. 복음은 구원과 멸망의 갈림길이다. 복음을 믿는 자는 구원을 얻고 복음을 믿지 않는 자는 멸망한다.

**〔19-21절〕 기록된 바 내가 지혜 있는 자들의 지혜를 멸하고 총명한 자들의 총명을 폐하리라 하였으니 지혜 있는 자가 어디 있느뇨? 선비가 어디 있느뇨? 이 세대에 변사가 어디 있느뇨? 하나님께서 이 세상의 지혜를 미련케 하신 것이 아니뇨? 하나님의 지혜에 있어서는 이 세상이 자기 지혜로 하나님을 알지 못하는 고로 하나님께서 전도**(케뤼그마 κήρυγμα)[혹은 '설교']**의 미련한 것으로 믿는 자들을 구원하시기를 기뻐하셨도다.**

전도의 미련한 것이란 전도의 내용뿐 아니라, 또한 전도라는 방식도 가리키는 것 같다. 전도의 내용인 예수 그리스도의 십자가에 죽으심은 사람들에게 미련하게 보이며 또 말로 전하는 방법도 사람들에게는 미련하게 보인다. 그러나 그것은 사람을 구원하시는 하나님의 방법이다. 하나님의 뜻은 전도를 통해 사람들을 구원하시는 것이다. 그러므로 우리는 우리의 지혜와 웅변과 아름다운 말로 사람을 구원하려 하지 말고 하나님의 지혜의 방법인 전도로 구원해야 한다.

**〔22-23절〕 유대인은 표적을 구하고 헬라인은 지혜를 찾으나 우리는 십자가에 못박힌 그리스도를 전하니 유대인에게는 거리끼는 것이요 이방인** [헬라인](전통사본)**에게는 미련한 것이로되.**

기독교는 기적을 추구하는 종교가 아니다. 오늘날 성령의 초자연적 은사들과 기적들을 추구하고 강조하는 자들이 많다. 그러나 기독교는 기적주의나 은사주의가 아니다. 우리는 기적주의와 은사주의의 풍조를 조심해야 한다. 기독교는 지혜를 구하는 종교도 아니다. 사람의 이성적 사고와 경험을 중시하는 것이 철학이다. 역사상 기독교의 복음과 철학을 조화시키려는 자들이 있었다. 현대신학은 칸트 철학이나 실존주의 철학의 영향을 많이 받았다고 보인다. 그러나 기독교는 철학이 아니다. 우리는 하나님의 복음을 사람들의 이성적, 경험적 생각으로 혼잡시키고 변질시키려는 시도들을 경계해야 한다.

기독교 복음의 핵심은 하나님의 아들 예수 그리스도께서 십자가 위에서 속죄의 죽음을 죽으셨다는 사실이다. 그것이 사도들과 초대 교회가 전파한 내용이다. 주 예수 그리스도께서는 하나님의 택하신 죄인들을 구속(救贖)하시기 위해 이 세상에 오셨고 십자가에 못박혀 죽으셨다. 주 예수 그리스도께서 십자가 위에서 피흘려 죽으신 죽음은 많은 사람들의 죄를 사하는 속죄의 의미가 있었다. 여기에 기독교 복음의 핵심이 있고, 여기에 성경적 기독교가 있다.

예수께서는 친히, "나는 하늘로서 내려온 산 떡이니 사람이 이 떡을 먹으면 영생하리라. 나의 줄 떡은 곧 세상의 생명을 위한 내 살이로라"고 말씀하셨고(요 6:51), 또 "인자(人子)가 온 것은 섬김을 받으려 함이 아니라 도리어 섬기려 하고 자기 목숨을 많은 사람의 대속물로 주려 함이니라"고 말씀하셨다(마 20:28). 사도 바울은 본 서신 뒷부분(15:3-4)에서 복음의 골자를 표현하기를, "내가 받은 것을 먼저 너희에게 전하였노니 이는 성경대로 그리스도께서 우리 죄를 위하여 죽으시고 장사 지낸 바 되었다가 성경대로 사흘만에 다시 살아나사"

라고 하였다. 속죄는 하나님의 복음의 핵심이다.

그러나 이 십자가의 말씀은 기적을 원했던 유대인들에게는 거리끼는 것이었다. 왜냐하면 그것은 현재 하나님의 능력의 체험을 강조하지 않고 과거의 한 사건을 중요시하는 것같이 보이기 때문이다. 그러나 사실, 과거의 그리스도의 십자가 사건과 그 복음이 현재에 죄인들의 죽은 영혼들을 살려 새 삶을 시작하게 하는 하나님의 능력이 된다. 십자가의 복음이야말로 참으로 현재의 구원의 능력인 것이다.

십자가의 말씀은 또 지혜를 추구하는 헬라인들에게는 미련한 것이었다. 왜냐하면 기독교 복음의 논리는 단순하고 소박해보이기 때문이다. 복음의 논리가 무엇인가? 하나님의 아들 예수께서 우리의 죄의 형벌을 대신 담당하셨으므로 예수님 믿는 우리는 죄씻음을 받고 죄로부터 구원을 얻는다는 것이다. 그것은 대리적 형벌의 개념이다. 그러나 지식인들은 책임적 행동을 강조하며 자기의 일을 자기가 해야 한다고 생각하므로, 복음의 논리는 그들에게 어리석게 보인다.

사람의 책임 있는 행동이 좋은 인격의 요소인 것은 확실하다. 그러나 문제는 사람이 아무리 책임 있는 행동을 한다 해도 그것으로 구원을 얻을 수 없다는 데 있다. 왜냐하면 사람은 심히 죄악되어서 이미 많은 죄를 지었고 또한 날마다 짓고 있기 때문이다. 사람의 최선의 의로운 행위들이라는 것은 단지 더러운 누더기 옷에 비교할 수 있다(사 64:6). 그러므로 구원은 사람의 행위로가 아니고 다른 방법으로 와야만 한다. 예수 그리스도의 대리적 속죄가 바로 그 방법이었다.

**〔24-25절〕 오직 부르심을 입은 자들에게는 유대인이나 헬라인이나 그리스도는 하나님의 능력이요 하나님의 지혜니라. 하나님의 미련한 것이 사람보다 지혜 있고 하나님의 약한 것이 사람보다 강하니라.**

'부르심을 입은 자들'이란 하나님께서 만세 전에 선택하시고 때가 되어 부르신 자들을 가리킨다. 이것을 효력 있는 부르심이라고 한다. 단순히 '믿으라'는 초청이 아니고 '믿게 하시는' 것을 말한다. 그것이 중생(重生) 즉 거듭남이다. 그때 성령께서는 죄인의 마음 속에 깨달음을 주셔서 세상에 하나님께서 계신 것과 자신이 죄인인 것과 예수께서 구주이신 것을 깨닫고 믿어 구원을 얻게 하시는 것이다. 이런 자들에게 예수 그리스도와 그의 복음은 거리낌이나 어리석음이 아니고 구원하시는 하나님의 능력과 하나님의 지혜이다.

하나님의 방법은 최선의 방법이다. 그것은 가장 지혜로운 방법이며 가장 힘있는 방법이다. 그것은 사람의 최선의 생각보다 낫고 그 어떤 힘있는 수단보다 낫다. 그것은 사람의 웅변적 말이나 수사학적 말보다 힘이 있다. 그것은 사람의 생각과 감정을 감동시키는 정도가 아니고, 사람의 죽었던 영을 살리고 사람의 마음을 근본적으로 새롭게 한다. 우리는 오늘도 전도와 설교의 효력을 믿는다.

**〔26절〕 형제들아, 너희를 부르심을 보라. 육체를 따라 지혜 있는 자가 많지 아니하며 능한 자가 많지 아니하며 문벌 좋은 자가 많지 아니하도다.**

'형제들'이라는 말은 신자들이 주 안에서 믿음의 한 식구 됨을 보인다. 그것은 사회적 신분, 학력, 재산 정도를 뛰어넘는 말이다. 교회에는 높고 낮은 계급이 없다. 우리는 예수 그리스도께로 부르심을 받은 형제들이다. 여기에 '부르심'이란 성령의 역사로 우리를 거듭나게 하셔서 죄를 회개하고 예수 그리스도를 믿게 하신 것을 말한다. 이것은 우리를 실제로 구원하신 하나님의 효력 있는 부르심이다.

고린도교회에는 육신적으로 지혜와 총명이 있는 자, 정치적 권력이나 재력(財力)이 있는 자, 좋은 가문이나 사회적 신분이 있는 자가 많지 않았던 것 같다. 이것은 고린도교회만의 현상이 아니고 역사상 모든 교회들의 일반적 현상이었을 것이다. 오늘날의 교회들도 예외가 아닐 것이다. 예수께서는 부자가 천국에 들어가기가 낙타가 바늘귀로 들어가기보다 더 어렵다고 말씀하셨다(마 19:24). 세상적으로 부족함이 없는 자는 하나님을 찾지 않는 경향이 있다. 그것은 그의 무지와 어리석음이지만 세상의 만족과 즐거움은 그를 어둡게 하였고 하나님과 멀어지게 하였다. 그러나 세상에서 가난한 자들은 믿음에 입문하기가 비교적 쉽다. 물론 그것도 하나님의 은혜로 된다.

**〔27-29절〕 그러나 하나님께서 세상의 미련한 것들을 택하사 지혜 있는 자들을 부끄럽게 하려 하시고 세상의 약한 것들을 택하사 강한 것들을 부끄럽게 하려 하시며 하나님께서 세상의 천한 것들과 멸시받는 것들과 없는 것들을 택하사 있는 것들을 폐하려 하시나니 이는 아무 육체라도 하나님 앞에서 자랑하지 못하게 하려 하심이라.**

우리 중 다수는 과거에 미련한 자들, 약한 자들, 천하고 멸시받는 자들, 아무것도 아닌 자들이었다. 머리가 좋고 말을 잘하는 자들이 아니고 좋은 학교 출신도 아니고 몸이 건강한 자들도 아니다. 세상적으로 존귀하거나 인정받거나 잘난 자들이 아니다. 그러나 우리는 하나님의 은혜로 하나님의 택함을 입었고 구원을 얻었다.

하나님을 아는 것은 지식의 근본이다. 이로써 우리는 우주와 사람의 근원을 알게 되었고 인생의 목적을 알게 되었고 또 도덕의 근거와 내용을 알게 되었다. 이것은 지혜 중의 지혜이며 지식 중의 지식이다. 또 성도들의 변화된 삶은 세상의 빛이다. 그들은 거짓되고 악한 세상 속에서 의롭고 선하고 진실한 삶을 산다. 그들은 고난과 역경 속에서도 낙심치 않고 소망과 용기를 가진다. 그들에게는 기쁨과 평안이 있다. 하나님께서는 그들과 함께하시고 그들을 보호하시고 도우시고 공급하신다. 그는 모든 일이 합력하여 선을 이루게 하신다. 세상 사람들은 성도들의 이런 지식과 삶을 보고 놀라는 것이다.

하나님께서 우리에게 이런 은혜를 주신 것은 아무도 하나님 앞에서 자랑하지 못하게 하려 하심이다. 사람은 자랑할 것이 없는 자이다. 사람은 죄인이며 또 죄의 결과로 많은 고생과 슬픔과 허무함 가운데 살고 있다. 사람의 육신적, 물질적, 세상적 자랑은 헛되다.

**〔30-31절〕 너희는 하나님께로부터 나서**(엑스 아우투 ἐξ αὐτοῦ)[그로 인하여, 그에게서 나서] **그리스도 예수 안에 있고 예수는**[예수께서는] **하나님**

**께로서 나와서**(아포 데우 ἀπὸ θεοῦ)[하나님께로서 나오셔서] **우리에게 지혜와 의로움과 거룩함과 구속(救贖)함이 되셨으니 기록된 바 자랑하는 자는 주 안에서 자랑하라 함과 같게 하려 함이니라.**

우리는 하나님으로 인해 중생하고 그리스도 예수 안에 있다. 그것은 그리스도와의 영적 연합을 가리킨다. 그것은 예수 그리스도께서 이루신 구속(救贖)의 은혜와 복 안으로 들어가 그의 의와 생명 안에 거하며 그의 영광에 참여함을 의미한다. 이것이 구원이다.

예수 그리스도께서는 하나님께로부터 오셔서 우리에게 지혜가 되셨다. 우리는 과거에 지혜가 없이 정신적 혼돈 속에 살았었다. 우리는 하나님께서 누구이시며, 사람의 존재 목적이 무엇이며 무엇이 선이며 무엇이 악인지 알지 못했었다. 그러나 이제 예수 그리스도께서는 우리의 지혜가 되셔서 이 모든 질문들에 대해 바른 대답을 주셨다.

예수 그리스도께서는 또한 우리의 의로움이 되셨다. 의는 율법을 다 지킨 것을 말한다. 세상은 불의하고 죄악되었다. 그러나 예수 그리스도께서는 십자가에 피흘려 죽으심으로 우리를 위해 율법의 요구 곧 하나님의 공의를 만족시키셨고 완전한 의를 이루셨다.

예수 그리스도께서는 또한 우리의 거룩함이 되셨다. 우리에게는 거룩함이 없었다. 죄악된 세상은 더럽고 불결하며 거기에 사는 죄인들은 더럽고 불결하였다. 예수께서는 우리의 모든 죄, 모든 더러움과 불결을 다 씻어주셨고 또 우리의 죄를 씻는 샘이 되셨다(슥 13:1).

예수 그리스도께서는 또한 우리에게 구속(救贖)함이 되셨다. 구속은 값 주고 사서 건져내는 것을 말한다. 예수께서는 우리의 모든 죗값을 다 지불하셨고 죄와 그 형벌로부터 우리를 자유케 하셨다.

예수 그리스도께서는 이와 같이 우리에게 지혜와 의와 거룩함과 구속(救贖)함이 되셨다. 이것이 복음이다. 그러므로 우리의 자랑은 예수 그리스도밖에 없다. 우리는 주 예수 그리스도로 말미암아 구원 얻은 것, 하나님의 자녀된 것, 의인된 것, 성도된 것, 천국 시민된 것,

영생 얻은 것, 이것들을 감사하고 기뻐하며 우리 구주 예수 그리스도만 자랑해야 한다. 실상, 육신적, 물질적, 세상적 자랑은 헛되다.

본문의 교훈을 정리해보자. 첫째로, 하나님의 복음의 핵심은 예수 그리스도의 십자가이다. 기독교 복음의 핵심은 예수 그리스도의 십자가이다. 그것은 하나님의 영원하신 아들께서 사람이 되셔서 죄인들을 위해 속죄의 죽음을 죽으신 사건이었다. 예수 그리스도의 십자가의 죽음은 만세 전에 하나님께서 택하신 자들의 죄책과 형벌을 담당하신 죽음이었다. 하나님께서는 죄를 회개하고 예수 그리스도를 믿는 자들에게 아들 예수 그리스도의 죽음에 근거해 죄사함과 의롭다 하심과 영생을 주신다. 이것이 복음이며 이 속죄 신앙이 구원의 길이다. 그러나 예수 그리스도를 믿지 않는 자들은 그들의 죄 때문에 멸망할 것이다.

둘째로, 십자가의 도는 기적주의와 은사주의나, 이성주의와 경험주의와 다르다. 유대인들은 표적을 구하고 헬라인은 지혜를 찾았다. 오늘날도 어떤 이들은 기적과 초자연적 은사를 추구한다. 그들은 복음 진리와 속죄신앙과 경건과 계명 순종을 충분하게 생각하지 않고 기적 체험, 은사 체험을 추구한다. 또다른 이들은 사람의 이성의 판단이나 경험의 잣대로 성경의 계시 진리들을 판단한다. 그들은 성경을 신화의 책이라고 말한다. 이들은 다 기독교의 핵심을 오해하였다. 우리는 이 두 경향을 다 경계하고 성경적 정통 기독교를 바로 알고 바로 믿어야 한다.

셋째로, 십자가의 도는 죄인을 구원하시는 하나님의 방법이다. 이것은 하나님의 능력이며 지혜이다. 하나님께서는 예수 그리스도의 재림 때까지 이 복음으로 죄인들을 구원하신다. 우리는 하나님의 뜻과 명령을 따라 이 십자가의 말씀, 곧 속죄의 복음을 만민에게 전파해야 한다.

넷째로, 우리는 예수 그리스도만 자랑해야 한다. 하나님께서는 세상적으로 부족한 자들을 그의 은혜로 예수 그리스도의 십자가로 부르시고 구원하셨다. 그러므로 우리는 우리의 육신적, 물질적, 세상적인 것을 자랑하지 말고 오직 예수 그리스도의 십자가만 자랑해야 한다.

# 2장: 영적인 진리

**〔1-2절〕 형제들아, 내가 너희에게 나아가 하나님의 증거를 전할 때에 말과 지혜의 아름다운 것으로 아니하였나니 내가 너희 중에서 예수 그리스도와 그의 십자가에 못박히신 것 외에는 아무것도 알지 아니하기로 작정하였음이라.**

복음은 '하나님의 증거'이다. 그것은 죄사함과 영생에 관하여 하나님께서 친히 증거하신 진리이다. 하나님의 증거는 참되며 확실하다. 사도 바울은 복음을 전할 때 '말과 지혜의 아름다운 것으로' 하지 않았다. 복음의 진리성은 하나님께서 증거하셨다는 사실에 있지 사람의 달변에 있지 않다. 그러므로 기독교 복음은 그 전달 방법보다 그 내용이 더 중요하다. 복음의 가치는 그 내용에 있다. 그 중심 내용은 예수 그리스도와 그의 십자가에 못박히신 사실이다. 그러므로 사도 바울은 전도할 때 예수 그리스도의 십자가만 전하겠다고 작정하고 결심했다. 사람이 복음을 아름다운 말로 단장한다고 복음이 더 효력이 있는 것이 아니다. 복음의 효력은 사람의 아름다운 말에 있지 않고 그 내용 자체에 있다. 하나님의 아들 예수 그리스도께서 죄인들을 위해 십자가에 죽으셨다는 사실이 죄인들을 구원하는 능력이 된다.

**〔3-5절〕 내가 너희 가운데 거할 때에 약하며 두려워하며 심히 떨었노라. 내 말과 내 전도함이** [사람의][1] **지혜의 권하는 말로 하지 아니하고 다만 성령의 나타남과 능력으로 하여 너희 믿음이 사람의 지혜에 있지 아니하고 다만 하나님의 능력에 있게 하려 하였노라.**

기독교 복음의 내용이 능력이기 때문에 사도 바울은 복음을 전하기 위해 고린도에 머물었을 때에 사람으로서는 약하며 두려워하며 심히 떨었다. 하나님께서는 바울이 전하는 복음을 구원의 능력으로

---

1) Byz A C vg$^{cl}$ Origen$^{gr\ 1/7,\ lat\ 1/8}$ 등에 있음.

사용하셨으나 복음을 전하는 당사자인 바울 자신은 약했다. 그러나 이런 사실은 오히려 복음의 능력이 사람에게 있지 않고 그 내용 되신 예수 그리스도께 있음을 잘 드러내었다. 그러므로 오늘날에도 복음을 전하는 우리가 스스로 약하다고 느낄 때 낙망하지 말고 하나님만 의지하고 예수 그리스도의 사실들을 충실히 전해야 한다.

사도 바울은 전도하며 설교할 때 사람의 지혜의 권하는 말로 아니하고 성령과 능력의 나타남으로 했다. 여기에 전도자의 바른 자세가 있다. 복음 전도자는 사람의 지혜의 권하는 말로 전하지 말고 성령의 능력을 의지해야 한다. 그는 단순히 복음을 전해야 한다. 그 단순한 복음 전파에 성령의 능력이 함께하신다. 그 능력은 과거에 외적으로 나타난 기적들 뿐만 아니라, 또한 어느 시대나 내면적 변화의 능력, 즉 죄인을 회개시키고 믿게 하는 구원의 능력을 가리킨다.

복음의 성격이 그러하듯이, 성도의 믿음도 사람의 지혜에 근거하지 않고 하나님의 능력으로 말미암는다. 그 능력은 예수 그리스도의 십자가의 복음으로 일하시는 하나님의 능력, 성령의 능력이다. 이와 같이, 성도들의 믿음은 사람에게 의존하지 않고 하나님께 의존한다. 하나님께서는 예수 그리스도의 복음을 통해 우리를 믿게 하셨다.

**[6-7절] 그러나 우리가 온전한 자들 중에서 지혜를 말하노니 이는 이 세상의 지혜가 아니요 또 이 세상의 없어질 관원의 지혜도 아니요 오직 비밀한 가운데 있는 하나님의 지혜를 말하는 것이니 곧 감취었던 것인데 하나님이**[하나님께서] **우리의 영광을 위하사 만세 전에 미리 정하신 것이라.**

성경은 '온전한 자'나 '온전함'에 대해 많이 말한다(고전 14:20; 엡 4:13; 히 5:14; 빌 3:15; 골 1:28; 4:12; 마 5:48; 약 1:4; 3:2). '온전한 자'란 구원의 복음에 대한 바른 지식과 굳건한 믿음을 가지고 주의 계명에 순종하는 자, 즉 신앙 인격에 성숙한 자를 가리킨다고 본다. 사도 바울은 온전한 자들 가운데서는 지혜에 대해 말할 수 있다고 말한다. 물론 그가 말하는 지혜는 이 세상의 지혜가 아니다.

그가 말하는 지혜는 하나님의 지혜이다. 그것은 '비밀한 가운데 있었던 하나님의 지혜,' 곧 하나님께서 만세 전에 우리의 영광을 위해 미리 정하셨고 오랫동안 감취어 있었던 것이다. '우리의 영광을 위하사'라는 말은 구원의 목표를 보인다. 그것은 영화 즉 영광스런 상태의 회복이다. 사람은 본래 하나님의 형상을 따라 거룩하고 의롭고 영광스러운 자로 창조되었었다. 그러나 사람은 범죄함으로 그 거룩하고 의롭고 영광스러운 형상을 잃어버렸다. 이제 하나님께서는 우리를 구원하셔서 그 본래의 영광스러운 상태의 회복을 주시는 것이다.

이 구원은 하나님께서 '만세 전에 미리 정하신 것'이었다. 하나님께서는 온 우주의 모든 일들에 대한 완전한 설계자요 계획자이시다. 이 세상의 모든 일은 하나님께서 만세 전에 계획하시고 작정하신 대로 이루어진다. 이 세상에서 가장 중요한 일인 인류 구원의 일도 그러하다. 예수 그리스도의 복음을 통한 구원은 만세 전에 하나님께서 은혜로 택하신 죄인들을 구원하기 위해 작정하신 방법이다.

**〔8-9절〕 이 지혜는 이 세대의 관원이 하나도 알지 못하였나니 만일 알았더면 영광의 주를 십자가에 못박지 아니하였으리라. 기록된 바 하나님이**[께서] **자기를 사랑하는 자들을 위하여 예비하신 모든 것은 눈으로 보지 못하고 귀로도 듣지 못하고 사람의 마음으로도 생각지 못하였다 함과 같으니라.**

이 세상의 왕들과 통치자들은 하나님의 이 비밀한 지혜, 감춰었던 지혜를 알지 못하였다. 만일 로마 총독 빌라도가 그것을 알았더라면 '영광의 주'를 십자가에 죽게 하지 않았을 것이다. 바울이 예수님을 '영광의 주'라고 부른 것은 그의 신성(神性)을 증거한다. 그는 초라한 유대인 사형수에 불과한 자가 아니시고 하나님의 영광의 주이셨다.

하나님께서 자기를 사랑하는 자들 곧 성도들을 위하여 예비하신 모든 것은 세상 사람들의 눈이나 귀나 마음에 알려지지 않았다(사 64:4). 그것은 오직 택함을 입은 자들에게만 알려지는 것이다. 세상에는 두 부류의 사람이 섞여 살고 있다. 하나는 하나님께서 택하신 자들 곧 하나님을 경외하고 죄를 회개하고 주 예수 그리스도를 믿는 자들이고, 다른 하나는 하나님께서 버려두신 자들 곧 하나님을 모르고 이 세상의 헛된 것들을 사랑하고 죄악된 삶에 빠져 있는 자들이다. 하나님께서 택하신 자들은 하나님과 구주 예수 그리스도와 성경말씀을 믿고 따르며 하나님께서 약속하신 천국과 부활과 영생을 사모하지만, 하나님께서 버려두신 자들은 이 세상의 헛되고 죄악된 것들, 곧 돈과 육신의 쾌락과 덧없이 지나가는 이 세상의 것들을 사랑한다.

〔10-11절〕 **오직 하나님이**[하나님께서] **성령으로**[그의 영으로] 이것을 **우리에게 보이셨으니 성령은**[성령께서는] **모든 것 곧 하나님의 깊은 것이라도 통달하시느니라. 사람의 사정을 사람의 속에 있는 영 외에는 누가 알리요? 이와 같이 하나님의 사정도 하나님의 영 외에는 아무도 알지 못하느니라.**

하나님의 삼위일체는 신비이다. 하나님께서는 영이시므로 하나님의 영이신 성령께서 신성(神性)을 가지셨다는 것은 당연한 일이다. 성령께서는 모든 것 곧 하나님의 깊은 것이라도 통달하신다. 모든 것을 아심 즉 전지(全知)의 속성은 하나님만의 속성이다. 성령께서는 하나님의 기운이나 세력이 아니고 인격적 존재이시다. 그는 무엇을 아시는 분이시다. 인격적 존재가 아닌 것은 무엇을 알 수 없다. 하나님께서 영이시지만, 성경은 하나님과 구별되신 성령에 대해 증거한다(요 14:16). 아버지와 아들과 성령께서는 구별되신다.

〔12-13절〕 **우리가 세상의 영을 받지 아니하고 오직 하나님께로 온 영을** 받았으니 **이는 우리로 하여금 하나님께서 우리에게 은혜로 주신 것들을 알게 하려 하심이라. 우리가 이것을 말하거니와 사람의 지혜의 가르친 말로 아니하고 오직 성령의 가르치신 것으로 하니 신령한 일은 신령한 것으로 분별하느니라.**

하나님의 깊은 것도 아시는 성령께서는 하나님의 감취었던 지혜, 곧 예수 그리스도의 십자가로 죄인을 구원하시는 복음 진리를 사도들에게 계시해주셨다. 사도들은 '하나님께로 온 영' 곧 성령을 받았고 성령께서는 '하나님께서 우리에게 은혜로 주신 것들을 알게' 하셨다. 그러므로 사도들이 전한 복음은 성령께서 주신 진리 곧 영적인 진리이다. 우리는 동일한 성령으로 말미암아 사도들이 전한 복음 진리를 깨닫게 되었다. 성령께서는 우리를 진리 가운데로 인도하셨다. 그는 사도들을 통해 주신 신약성경과 예수 그리스도의 복음 진리를 깨닫게 하셨고 믿고 구원 얻게 하셨다. 하나님의 진리는 이 세상의 지혜로 분별할 수 없고 오직 성령의 깨닫게 하심으로 분별할 수 있다.

**〔14절〕 육에 속한 사람**[육적인 사람]**은 하나님의 성령의 일을 받지 아니하나니 저희에게는 미련하게 보임이요 또 깨닫지도 못하나니 이런 일은 영적으로라야 분변**[판단]**함이니라.**

'육에 속한' 즉 '육적인'(프쉬키코스 ψυχικός)이라는 말은 '영적인'(프뉴마티코스 πνευματικός)이라는 말과 대조되는 말로 육신의 욕구와 격정의 지배를 받는다는 뜻이다. 육적인 사람은 구원 얻지 못한 일반 사람, 즉 믿지 않는 자를 가리킨다. 그는 성령을 받지 못한 자이다. 이단자들도 육적인 자들(프쉬키코이 ψυχικοί)이다(유 19). 육적인 사람은 하나님을 알지 못하고(고전 1:21) 깨닫지 못하고(롬 3:11) 하나님을 경외함과 섬김이 없고 하나님께 감사치 않고(롬 1:21; 3:18) 우상숭배에 빠져 있다(롬 1:23). 그는 하나님의 계명을 순종치 않고 사탄과 악령들을 따라 육체의 욕심대로 온갖 죄와 부도덕에 빠져 있다(마 15:19; 롬 3:12-15; 엡 2:2-3; 4:17-19). 그런 사람은 하나님의 성령의 교훈을 받지 않고 믿지 않는다. 그는 성령께서 계시하신 복음을 미련한 것으로 여기며 성령의 일을 깨닫지 못한다. 왜냐하면 이런 일은 영적으로라야 분별되고 판단되기 때문이다.

**〔15-16절〕 신령한 자**[영적인 사람]**는 모든 것을 판단하나 자기는 아무에게도 판단을 받지 아니하느니라. 누가 주의 마음**[생각]**을 알아서 주를 가르치겠느냐? 그러나 우리가 그리스도의 마음**[생각]**을 가졌느니라.**

'영적인 사람'은 성령을 받아 성령의 지배를 받는 사람을 가리킨다.

그는 주 예수 그리스도를 믿고 구원 얻은 자이다. 사람은 성령으로 거듭난다. 사람이 중생(重生)하고 구원을 얻을 때 성령께서 그 속에 들어오시며 그 안에 영원히 거하시고 그를 거룩한 길로 인도하신다. 성도는 성령을 받은 자이다. 우리는 구원의 복음을 듣고 믿었을 때 약속의 성령으로 인치심을 받았다(엡 1:13). 성령께서는 우리 속에 오셨다. 영적인 사람은 성령의 활동하심으로 하나님의 복음을 깨닫고 믿은 사람이다. 이런 사람은 하나님의 모든 진리를 분별하고 이해하고 판단할 수 있다. 그는 예수 그리스도의 마음을 아는 자이다. 복음은 하나님의 말씀이며 성령께서 주신 지식인 동시에 예수 그리스도의 마음이다. 성도는 예수 그리스도의 마음을 아는 자이다.

본장의 교훈을 정리해보자. 첫째로, 전도는 예수 그리스도의 십자가 대속을 단순히 전하는 것이며 그것이 죄인들을 구원하시는 하나님의 능력이다. 오늘날도 우리는 사람의 아름다운 말이나 언변으로가 아니고 단순히 예수 그리스도의 십자가의 복음을 전해야 한다. 그는 하나님께서 만세 전에 택하신 자들의 죄의 형벌을 대신 받으셨다. 그리스도의 복음은 오늘날도 하나님께서 택하신 자들을 구원하시는 능력이다.

둘째로, 우리는 하나님의 지혜인 예수 그리스도의 진리를 오직 성령으로 깨닫는다. 예수 그리스도께서는 하나님의 아들이시며 영광의 주님이시다. 우리는 하나님께서 주신 성령으로 이 진리를 깨달았고 믿었다. 믿는 자들은 성령의 가르치심 안에서 하나님의 진리를 더욱 배워 온전함에 이르러야 하고 구원의 최종 목표는 영광의 상태의 회복이다.

셋째로, 그러나 육에 속한 사람은 성령의 일을 깨닫지 못한다. 그는 하나님을 알지 못하고 깨닫지 못하고 하나님을 경외함과 섬김이 없고 그에게 감사하지 않고 우상숭배에 빠져 있다. 그에게는 복음이 미련하게 보인다. 오직 성령을 받은 영적인 사람만이 예수 그리스도께서 누구이시며 우리를 위해 무엇을 하셨는지 깨닫고 믿고 구원을 얻는다.

# 3장: 사람을 자랑하지 말라

〔1절〕 **형제들아, 내가 신령한 자들을 대함과 같이 너희에게 말할 수 없어서 육신에 속한 자**(사르키코이 σαρκικοί)[육신적인 사람] **곧 그리스도 안에서 어린아이들을 대함과 같이 하노라,**

'육신적인 사람'은 '그리스도 안에서 어린아이' 즉 영적으로 어린 성도를 가리켰다. 그는 주 예수님을 구주로 믿기는 하지만 아직 성령의 지배를 받지 않고 육신의 죄성에 지배를 받는 자이다.

〔2절〕 **내가 너희를 젖으로 먹이고 밥**[딱딱한 음식]**으로 아니하였노니 이는 너희가 감당치 못하였음이거니와 지금도 못하리라.**

갓난아기는 딱딱한 음식을 먹지 못한다. 이와 같이 영적으로 어린 성도들은 듣기 쉬운 교훈만 받고 어려운 교훈들을 받지 못한다(히 5:12-14). 그러나 우리가 영적으로 자랄수록(엡 4:13-15; 벧전 2:1-2; 벧후 3:18) 성경에 계시된 하나님의 모든 뜻을 연구하고 배우며 믿고 행하며 지식과 인격이 자라야 한다.

〔3절〕 **너희가 아직도 육신에 속한 자로다. 너희 가운데 시기와 분쟁**[과 분열][2]**이 있으니 어찌 육신에 속하여 사람을 따라 행함이 아니리요?**

사도 바울이 고린도 교인들을 육신에 속한 자 곧 영적 어린아이라고 취급하는 까닭은 그들 가운데 시기와 분쟁과 분열이 있었기 때문이다. 시기, 분쟁, 분열은 천국에 들어가지 못하게 하는 죄악들이다(갈 5:19-21). 성도는 그런 죄들을 다 버리고 씻음 받아야 한다.

〔4절〕 **어떤 이는 말하되 나는 바울에게라 하고 다른 이는 나는 아볼로에게라 하니 너희가 사람**[육신에 속한 자들](전통본문)[3]**이 아니리요.**

고린도교회의 분쟁은 지도자들에 대한 교인들의 잘못된 태도에서

---

2) Byz $p^{46}$ D $it^{d}$ $syr^{p}$ Irenaeus ($Origen^{lat-1/4}$) Cyprian 등에 있음.

3) Byz syr 등에 있음.

나타났다. 바울은 그 교회를 개척했고 아볼로는 그 후에 성경말씀을 가르친 자이었다. 그런데 고린도교회 안에 어떤 이들은 바울을 중심으로, 다른 이들은 아볼로를 중심으로 파당을 만들었다. 그것은 그들이 아직 육신에 속한 증거이었다. 영적으로 어린 자들은 사람에게 속하려는 경향이 있다. 거기에서 파당과 분열이 생긴다.

그러나 우리는 교회에서 주님만을 바라보아야 한다. 우리가 사람을 바라보면 시험에 떨어지고 범죄하기 쉽다. 그러므로 우리는 오직 주님만 믿고 바라며 섬기고, 오직 성경말씀만 믿고 순종하고 하나님 중심, 성경 중심으로 생활하고 교회에서 일치 단합해야 한다.

**〔5-7절〕 그런즉 아볼로는 무엇이며 바울은 무엇이뇨? 저희는 주께서 각각 주신 대로 너희로 하여금 믿게 한 사역자들이니라. 나는 심었고 아볼로는 물을 주었으되 오직 하나님은**[께서는] **자라나게 하셨나니 그런즉 심는 이나 물 주는 이는 아무것도 아니로되 오직 자라나게 하시는 하나님뿐이니라.**

바울과 아볼로는 복음의 일꾼들이었다. 일꾼이 중요하지만, 하나님과 복음보다 더 중요하지 않다. 그러므로 일꾼은 자신을 자랑하지 말고 그를 보내신 주 하나님과 예수 그리스도만 자랑해야 한다.

복음 사역은 씨 심는 것과 물 주는 것에 비유되었다. 씨를 심는 것은 복음을 전해 영혼을 구원하고 교회를 세우는 것을 가리켰고, 물을 주는 것은 구원 얻은 자들을 양육하는 것 곧 목회하는 것을 가리켰다. 씨를 심는 것은 전도하는 것이요, 물을 주는 것은 양육하는 것이다. 심는 일도 가꾸는 일도 다 중요하듯이, 복음 사역에서는 전도도 목회도 다 중요하다. 그러나 씨를 자라게 하시는 이는 오직 하나님이시다. 구원은 하나님의 일이다. 하나님께서 하지 않으시면 우리는 한 영혼도 구원할 수 없고 한 영혼도 성장시킬 수 없다. 개인의 구원과 성장이나, 교회의 설립과 성장은 오직 하나님의 은혜로만 가능하다.

그러므로 씨를 심는 이나 물을 주는 이는 아무것도 아니다. 복음 사역에 있어서 복음의 일꾼 자신이 대단히 가치가 있는 것은 아니다.

오직 하나님께서 그를 사용하셔서 영혼들을 구원하셨을 뿐이다. 그렇다고 교인들이 복음 사역자를 무시해서는 안 되지만, 복음 사역자 자신은 자신의 무능하고 무익함을 인식해야 한다(눅 17:10).

**〔8-10절〕 심는 이와 물주는 이가 일반이나 각각 자기의 일하는 대로 자기의 상을 받으리라. 우리는 하나님의 동역자들이요 너희는 하나님의 밭이요 하나님의 집이니라. 내게 주신 하나님의 은혜를 따라 내가 지혜로운 건축자와 같이 터를 닦아 두매 다른 이가 그 위에 세우나 그러나 각각 어떻게 그 위에 세우기를 조심할지니라.**

복음 사역자들은 각각 자기의 일한 대로 상을 받을 것이다. 상은 구원과 다르다. 구원은 죄에서 건짐을 받는 것을 말하지만, 상은 선행과 봉사, 특히 복음 사역에 대해 약속된다. 구원에 차등이 있다고 말할 것은 아니나, 상에는 차등이 있다. 상은 '각각 자기의 일하는 대로' 즉 자신의 선행과 봉사와 충성의 정도에 따라서 주어질 것이다.

복음 사역자들은 하나님의 동역자들이요, 성도들과 교회는 하나님의 밭이요 하나님의 집이다. 바울은 복음 사역을 또한 건축에 비유한다. 집을 짓기 위해서는 먼저 기초를 닦아야 한다. 바울은 터를 닦은 자요 그의 뒤에 일하는 사역자들은 그 위에 건물을 세우는 자들이다. 그들은 조심스럽게 건축해야 한다. 목회는 집을 세우는 일이다. 그것은 구원 얻은 영혼들을 말씀으로 교훈하고 훈련시키는 것이다. 중생(重生)과 칭의(稱義)는 구원의 시작이요 성화(聖化)는 구원의 진행이다. 믿는 자는 지식과 인격에 있어서 성장하여 그리스도의 형상, 곧 거룩하고 정직하고 선하고 진실한 모습을 이루어야 한다.

**〔11절〕 이 닦아 둔 것 외에 능히 다른 터를 닦아 둘 자가 없으니 이 터는 곧 예수 그리스도라.**

교회의 터는 예수 그리스도뿐이다. 다른 터는 없다. 주께서 베드로에게 "내가 이 반석 위에 내 교회를 세우리라"고 말씀하셨을 때, 그 반석은 베드로가 조금 전에 "주는 그리스도시요 살아계신 하나님의 아들이시니이다"고 고백한 그의 신앙고백을 의미하였다. 예수께서 하나님의 아들 그리스도이심을 믿는 것이 교회의 기초이다. 또 예수 그리스도의 속죄사역을 믿는 속죄신앙은 믿음의 핵심이다.

〔12절〕 **만일 누구든지 금이나 은이나 보석이나 나무나 풀이나 짚으로 이 터 위에 세우면.**

두 종류의 건축 자재가 있다. 하나는 금과 은과 보석 같은 내구성(耐久性)이 있는 것이요, 다른 하나는 나무와 풀과 짚 같은 내구성이 없는 것이다. 두 종류의 목회가 있다. 하나는 금과 은과 보석으로 집을 짓는 목회요, 다른 하나는 나무와 풀과 짚으로 집을 짓는 목회이다. 나무와 풀과 짚으로 짓는 것은 자재 값이 비싸지 않아서 비교적 쉽게, 크게, 또 빠르게 지을 수 있으나, 금과 은과 보석으로 짓는 것은 자재 값이 비싸고 기술도 많이 필요해 집을 짓기가 힘들고 크게 짓는 일은 더욱 그럴 것이다. 그러나 금과 은과 보석으로 교회를 세우는 것이 참 목회요 그렇게 지어진 교회가 참 교회이다.

금과 은과 보석은 바른 교훈을 가리키며, 나무와 풀과 짚은 거짓된 교훈을 가리킨다. 참 교회는 바른 교훈을 통해서 세워진다. 세상적인 생각이 섞이지 않은 바르고 순수한 설교는 바른 교회 건립에 필수적이다. 그러나 혼합된 말을 전하는 자들도 있다. 거짓 선지자들은 하나님의 말씀을 바르게 전하기보다 사람들의 귀를 즐겁게 하는 설교를 하였다. 그들은 회개를 외치기보다 평안을 선포하기를 좋아했다. 그러나 평안은 오지 않았다. 평안은 죄를 버릴 때에만 오기 때문이다.

〔13절〕 **각각 공력**(에르곤 ἔργον)[일]**이 나타날 터인데 그 날이 공력**[일]**을 밝히리니 이는 불로 나타내고 그 불이 각 사람의 공력**[일한 바]**이 어떠한 것을 시험할 것임이니라.**

복음 사역자들의 사역에 대해서 하나님께서 평가하실 날이 온다. 그것은 마지막 심판의 날이나 그 전의 대환난 날이다. 그때 그들의 사역이 겉보기는 굉장했으나 열매 없는 불충성된 사역이었는지, 참으로 영혼들을 구원하고 양육한 충성된 사역이었는지 판별될 것이다.

**〔14-15절〕 만일 누구든지 그 위에 세운 공력**[일한 바]**이 그대로 있으면 상을 받고 누구든지 공력**[일한 바]**이 불타면 해를 받으리니**[잃어버리리니] **그러나 자기는 구원을 얻되 불 가운데서 얻은 것 같으리라.**

복음 사역자들은 자신의 일한 바가 불 시험을 통과하면 상을 받을 것이다. 즉 그가 목회했던 교인들이 불같은 환난을 잘 통과하면 그는 목회를 잘한 자일 것이다. 그러나 만일 그들이 불 시험을 통과하지 못하면, 비록 목회자 자신이 구원을 얻는다 할지라도 그는 부끄러움을 피할 수 없을 것이며 그의 목회 사역에 대한 상은 없을 것이다.

**〔16절〕 너희가 하나님의 성전**(나오스 데우 ναὸς θεοῦ)(단수명사)**인 것과 하나님의 성령이 너희 안에 거하시는 것을 알지 못하느뇨?**

예수님 믿고 구원 얻은 성도들은 하나님의 성전이다. 성도 개인도 그러하고 성도들의 모임인 교회도 그러하다. 우리를 하나님의 성전이라고 말한 것은 우리 속에 하나님의 성령께서 거하시기 때문이다(고전 6:19). 교회는 하나님의 성전이다. 성령께서는 성도 개개인에게도 계시고 그들의 모임인 교회 가운데도 계신다. 이것은 성도 개인과 신약교회에 놀라운 복이 아닐 수 없다.

**〔17절〕 누구든지 하나님의 성전을 더럽히면 하나님이**[하나님께서] **그 사람을 멸하시리라. 하나님의 성전은 거룩하니 너희도 그러하니라.**

우리가 하나님의 성전인 것은 큰 복이지만, 그 사실은 또한 우리에게 하나님의 성전을 더럽히지 않고 거룩하게 보존해야 하는 의무를 보인다. 성전을 더럽힌다는 것은 범죄하는 것을 의미한다. 하나님의 계명을 거슬러 자기 자신의 생각대로 하는 모든 것이 죄이며 그것들이 하나님의 성전을 더럽히는 것이다. 특히 교인들 간에 서로 미워하고 분쟁하는 것은 거룩한 교회를 더럽히는 일이다. 바울은 누구든지 하나님의 성전을 더럽히는 자는 하나님께서 멸하시리라고 경고했다.

**〔18-20절〕 아무도 자기를 속이지 말라. 너희 중에 누구든지 이 세상에**

**서 지혜 있는 줄로 생각하거든 미련한 자가 되어라. 그리하여야 지혜로운 자가 되리라. 이 세상 지혜는 하나님께 미련한 것이니 기록된 바 지혜 있는 자들로 하여금 자기 궤휼**(국한문—'궤계')[간교함]**에 빠지게 하시는 이라 하였고 또 주께서 지혜 있는 자들의 생각을 헛것으로 아신다 하셨느니라.**

사람의 사상들과 철학들은 실상 자신을 속이는 것이다. 그것들은 진리 되신 하나님을 알지 못한 채 진리를 논하는 어리석은 일이다. 이 세상의 가장 지혜로운 자의 지혜라도 하나님 앞에서는 미련한 것에 불과하다. 하나님께서는 지혜 있는 자들을 스스로 속게 하시며 그들의 생각을 헛것으로 여기신다. 그러므로 사람은 자신의 지혜가 참 지혜가 되지 못하며 오히려 자기 꾀에 빠지고 자기 모순 속에서 방황할 수밖에 없는 헛된 것임을 깨달아야 한다.

참 지혜와 지식은 하나님께로부터 시작된다. 하나님께서 계시지 않는 곳에는 지혜와 지식이 있을 수 없다. 그러므로 교인들 가운데 자신을 똑똑하고 지혜 있다고 생각하는 자가 있다면 오히려 어리석은 자가 되어야 한다. 왜냐하면 사람의 지혜는 참 지혜가 아니고 참으로 지혜로우신 분은 창조자 하나님 한 분이시기 때문이다.

**〔21-23절〕 그런즉 누구든지 사람을 자랑하지 말라. 만물이 다 너희 것임이라. 바울이나 아볼로나 게바나 세계나 생명이나 사망이나 지금 것이나 장래 것이나 다 너희의 것이요 너희는 그리스도의 것이요 그리스도는**[그리스도께서는] **하나님의 것이니라.**

고린도교회의 문제는 사람을 자랑하는 데 있었다. 지도자 중심의 파당과 분쟁이 그들의 문제이었다. 그것이 하나님의 성전을 더럽히고 있었다. 그러므로 여기에 중요한 교훈은 사람을 자랑하지 말라는 것이다. 복음 사역자들은 아무것도 아니다. 그들은 하나님께서 보내신 일꾼들에 불과하다. 하나님께서는 교회를 위해 이 세상의 모든 것들을 주셨다. 그러므로 우리는 창조자와 섭리자와 구주이신 하나님만 자랑하고 하나님께만 감사해야 한다.

바울도 아볼로도 게바도 다 교회를 위한 일꾼들이요 교회의 공동적 소유물과 같다. 그들은 모든 교회의 공동적 봉사자들이다. 온 세상도 교회의 것이다. 하나님의 구원 계획 속에서 우리의 모든 것은 다 교회를 위해 존재하고 다 성도들을 위해 존재한다. 그러므로 우리는 어느 한 파당에 속하지 말고 교회 전체에 속해야 한다.

본장의 교훈을 정리해보자. 첫째로, 복음 사역자들은 바르게 일해야 한다. 전도는 씨를 뿌리는 것과 같고 목회는 물을 주는 것과 같고, 전도는 터를 닦는 것과 같고 목회는 그 위에 집을 세우는 것과 같다. 전도자이든지 목회자이든지 복음 사역자들은 바르게 일해야 한다. 전도자는 오직 예수 그리스도의 속죄의 복음만 전해야 한다. 구원을 위한 다른 길은 없다. 또 목회자는 하나님의 양들을 금, 은, 보석으로, 즉 하나님의 순수한 교훈을 전하고 성경의 순수한 교훈으로 가르쳐야 한다.

둘째로, 우리는 하나님의 성전인 우리 자신과 교회를 더럽히지 말아야 한다. 구원 얻은 성도 개인 속에는 하나님의 영, 성령께서 영원히 거하신다. 그러므로 우리의 몸은 하나님의 성전이다. 우리가 범죄하면 우리는 하나님의 성전을 더럽히는 자가 된다. 이와 같이, 성도들의 모임인 교회는 하나님의 성전이다. 우리가 교회 안에서, 교회에 관련하여 죄를 지으면 우리는 하나님의 성전을 더럽히는 자가 된다. 특히 우리가 잘못된 이단사설을 용납하거나 파당을 만들고 분쟁하고 분열하면 우리는 하나님의 성전을 더럽히는 큰 죄를 짓는 자가 될 것이다. 본문은 하나님께서 하나님의 성전을 더럽히는 자를 멸하실 것이라고 경고한다.

셋째로, 우리는 사람을 자랑하지 말아야 한다. 복음 사역자들은 하나님의 종들이지만, 실상 아무것도 아니다. 우리의 구원과 성화 즉 영적 성장은 오직 하나님께서 하시는 일이다. 그러므로 우리는 사람을 자랑해서는 안 된다. 우리는 하나님과 주 예수 그리스도만 높이고 자랑해야 한다. 우리는 오직 주 예수 그리스도 안에서 일치 단합해야 한다.

# 4장: 교만치 말 것

**〔1-2절〕 사람이 마땅히 우리를 그리스도의 일군**[종들]**이요 하나님의 비밀을 맡은 자**[청지기, 관리인]**로 여길지어다. 그리고 맡은 자**[청지기, 관리인]**들에게 구할**[필요한] **것은 충성이니라.**

하나님의 복음은 예수 그리스도의 성육신(成肉身)과 속죄의 진리이며 구약시대에 감취었다가 이제 계시된 비밀의 말씀이다. 사도들은 예수 그리스도의 종들이며 하나님의 비밀을 맡은 자들이었다. 그들은 그 복음을 충성되이 해설하고 전파하였고 신약성경들에 기록하였다. 신약교회는 이 사실을 분명히 인식해야 한다. 또 오늘날도 하나님의 복음을 맡은 자들에게 필요한 것은 하나님 앞에 충성하는 것이다. 충성은 하나님과 사람들 앞에서 믿을 만한 상태가 되는 것을 가리킨다. 충성은 성령의 열매들 중 하나이다(갈 5:22). 오늘날 교회의 모든 직분자들에게 필요한 것도 하나님 앞에 충성하는 것이다.

**〔3-4절〕 너희에게나 다른 사람에게나 판단받는 것이 내게는 매우 작은 일이라. 나도 나를 판단치 아니하노니 내가 자책할 아무것도 깨닫지 못하나 그러나 이를 인하여 의롭다 함을 얻지 못하노라. 다만 나를 판단하실 이는 주시니라.**

바울은 사람의 판단을 크게 여기지 않았다. 우리가 사람의 판단에 너무 마음을 쓰면 주의 일을 힘있게 할 수 없다. 바울은 심지어 자기 자신도 자신을 판단하지 않았고 스스로 자책할 아무것도 깨닫지 못하였다. 성도는 범사에 양심적으로 살아서 자책할 것이 없어야 한다. 바울은 모든 판단을 주님께 맡겼다. 사탄의 큰 전략의 하나는 하나님의 일꾼들의 힘을 빼어 하나님의 일을 잘하지 못하게 하는 것이다. 낙망은 큰 시험이다. 우리는 하나님만 바라보며 충성해야 한다.

**〔5절〕 그러므로 때가 이르기 전 곧 주께서 오시기까지 아무것도 판단치 말라. 그가 어두움에 감추인 것들을 드러내고 마음의 뜻을 나타내시리니 그**

**때에 각 사람에게 하나님께로부터 칭찬이 있으리라.**

드러난 이단 사상이나 죄는 판단하고 지적하고 책망하고 그것으로부터 떠나야 한다. 아무것도 판단치 말라는 말씀은 밖으로 드러나지 않는 점들, 특히 복음 사역자들의 진실성과 충성의 정도 같은 것을 두고 하는 말이다. 그것들은 하나님만 아신다. 그러므로 그가 오셔서 모든 것을 심판하실 때까지 우리가 아무것도 판단치 말라는 뜻이다.

장차 있을 하나님의 심판은 완전하고 철저할 것이다. 하나님께서는 어두움에 감추인 것들을 드러내고 사람들의 마음의 뜻을 나타내실 것이다. 그때 주의 선하고 충성된 종들은 위로와 칭찬을 받을 것이며, 악하고 불충성된 종들은 책망과 벌을 받을 것이다. 그러므로 우리는 주님의 재림 때까지 다른 이들의 드러나지 않는 점들을 판단하거나 비난하는 일을 해서는 안 된다. 우리는 특히 복음 사역자들의 충성의 여부와 충성의 정도를 함부로 판단하고 평가하려는 잘못을 범해서는 안 된다. 분명히 드러난 이단 사상과 오류는 지적되어야 하지만, 드러나지 않는 점들에 대해서는 주님께 맡겨두면 된다. 주께서 다 아시고 판단하시고 공의로 보응하실 것이기 때문이다.

**〔6절〕 형제들아, 내가 너희를 위하여 이 일에 나와 아볼로를 가지고 본을 보였으니 이는 너희로 하여금 기록한 말씀 밖에 넘어가지 말라**[말씀 이상으로 생각하지 말라](전통사본) **한 것을 우리에게서 배워 서로 대적하여 교만한 마음을 먹지 말게 하려 함이라.**

복음 사역자들은 하나님께서 사용하시는 종들에 불과하다. 심는 이와 물주는 이는 아무것도 아니다. 물론 성도들이 그들을 무시해서는 안 되지만 그들을 지나치게 생각해 자랑해서도 안 된다. 하나님의 종들도 자신을 높이 평가하지 말고 자신의 무익함을 항상 인정하는 겸손한 마음을 가져야 한다. 그러므로 성도들은 자기가 좋아하는 자들을 높이어 파당을 만들지 말고 하나님과 주 예수 그리스도만 자랑하고 교회의 일치와 단합을 지켜야 한다. 우리는 교만한 마음으로 남을 대적하는 자리에 떨어져서는 안 된다. 교만은 사람의 타고난 본성의 큰 결함이다. 그것은 마귀의 죄이다. 교만한 사람은 자신을 크게 생각하며 자기의 위치를 벗어난다. 그러나 겸손한 사람은 항상 자신의 부족을 인식하고 자기 위치를 지키며 자기에게 맡겨진 일에 충실한다. 참된 성도의 모습은 온유함과 겸손함으로 충성하는 것이다.

**[7절] 누가 너를 구별하였느뇨? 네게 있는 것 중에 받지 아니한 것이 무엇이뇨? 네가 받았은즉 어찌하여 받지 아니한 것같이 자랑하느뇨?**

누가 성도를 세상 사람들 중에서 구별하였는가? 또 누가 직분자들을 성도들 가운데서 구별하였는가? 우리를 구별하신 이는 하나님이시다. 하나님께서는 우리를 세상의 수많은 사람들 중에서 선택하여 부르셨고 또 우리 가운데서 어떤 이들에게 교회의 직분까지 주셨다. 우리의 구원과 우리의 직분은 우리 스스로에게서 나온 것이 아니고 하나님께서 그의 뜻 가운데서 은혜로 주신 것들이다.

우리의 가진 모든 것들은 다 하나님께 받은 것들이다. 우리의 육신의 생명도 우리의 것이 아니고 하나님께 받은 것이기 때문에 언제든지 하나님께서 부르시면 세상을 떠나갈 수밖에 없다. 건강도 우리의 것 같지만 하루아침에 그것이 우리를 떠나갈 수 있다. 부모님도, 남편도, 아내도, 자녀도 다 우리의 것이 아니고 하나님께서 주신 것들이다. 우리가 하나님을 알게 되고 섬기게 된 것, 예수 그리스도를 믿게 된 것, 죄사함 받고 천국과 영생을 기업으로 받은 것, 하나님의 자녀가 된 것, 성령을 받은 것 등이 다 하나님께서 주신 은혜의 선물들이다. 생각해보면, 이 세상의 모든 영적인 것들과 육신적인 것들이 다 하나님께로부터 왔다. 본래부터 우리의 소유인 것은 아무것도 없다. 모든 것이 다 하나님의 것이다. 사람은 남의 것을 가지고 자기의 것인 것처럼 자랑할 수 없다. 그러므로 우리는 오직 하나님만 자랑해야 하고 하나님께만 감사하고 영광을 돌려야 한다. 또 우리는 우리에게 주신 모든 것들을 하나님을 위해서만 사용해야 한다.

**〔8절〕 너희가 이미 배부르며 이미 부요하며 우리 없이 왕노릇하였도다. 우리가 너희와 함께 왕노릇하기 위하여 참으로 너희의 왕노릇하기를 원하노라.**

고린도 교인들은 물질적 부요함과 풍족함, 또 성도로서의 자유와 특권을 누리고 있었다. 물론 그 자체는 죄가 아니다. 그러나 그것 때문에 그들의 마음이 높아져 서로 분쟁하고 파당을 만든다면 그들의 그 부요와 풍족, 그 자유와 특권은 복이 되지 못한다. 차라리 사람을 겸손케 하는 가난과 속박이 그들에게 복이 될 것이다.

**〔9절〕 내가 생각건대 하나님이[께서] 사도인 우리를 죽이기로 작정한 자같이 미말에 두셨으매 우리는 세계 곧 천사와 사람에게 구경거리가 되었노라.**

사도 바울의 형편은 고린도 교인들의 형편과 정반대이었다. 사도는 주 예수 그리스도께서 직접 선택하시고 복음의 말씀을 맡기시며 기적 행할 능력을 주신 자이며 교회에서 가장 중요하고 존귀한 직분이었다. 사도들은 교회의 기초이었다(엡 2:20). 그러나 하나님께서는 그 존귀한 직분자 사도 바울을 죽이기로 작정한 자같이 미말에 두셨다. 가장 존귀한 자를 가장 미천한 위치에 두신 것이다. 하나님께서는 그를 세상의 구경거리, 천사들과 사람들의 구경거리가 되게 하셨다.

**〔10-13절〕 우리는 그리스도의 연고로 미련하되 너희는 그리스도 안에서 지혜롭고 우리는 약하되 너희는 강하고 너희는 존귀하되 우리는 비천하여 바로 이 시간까지 우리가 주리고 목마르며 헐벗고 매맞으며 정처가 없고 또 수고하여 친히 손으로 일을 하며 후욕[욕]을 당한즉 축복하고 핍박을 당한즉 참고 비방을 당한즉 권면하니 우리가 지금까지 세상의 더러운 것과 만물의 찌끼같이 되었도다.**

사도 바울 일행의 비천함은 전적으로 그리스도 때문이었다. 그들은 그리스도 때문에 미련한 자가 되고 약한 자가 되고 비천한 자가 되었다. 그러나 고린도 교인들은 사도가 전한 그리스도 때문에 지혜를 얻고 힘을 얻고 존귀케 되었다. 예수 그리스도의 십자가의 참혹한 죽음이 인류의 구원이 되었듯이, 주의 종들이 비천함을 당하며 이룬 사역들이 많은 사람들을 구원의 복에 이르게 한 것이다.

바울은 그의 일행이 지금까지 당한 고난을 증거했다. 그들은 먹을 것과 마실 것과 입을 것이 없었고 매맞았고 거처할 곳이 없었고 손으로 일했고 비방을 당했다. 그러나 그들은 그들을 욕하고 핍박하는 자들을 위해 축복하였고 참았고 권면했다. 바울은 자신들이 한 마디로 '세상의 더러운 것과 만물의 찌끼같이' 되었다고 표현하였다.

하나님께서 사도들을 비천함에 두신 것은 여러 가지 목적이 있을 것이다. 첫째로, 그것은 그들로 겸손케 하기 위한 것일 것이다. 둘째로, 그것은 그들로 하나님과 내세에 소망을 견고히 두게 하기 위한 것일 것이다. 셋째로, 그것은 복음 사역자들의 길이 예수 그리스도를 따르고 하나님의 영광만을 구하는 길임을 증명하기 위한 것일 것이다. 우리는 이 세상의 헛되고 무가치함과 오는 세상의 참된 가치를 알고 하나님 중심, 진리 중심으로 살아야 하며, 하나님과 그의 말씀과 내세의 소망 안에서 참된 평안과 기쁨을 누려야 한다.

**[14-16절] 내가 너희를 부끄럽게 하려고 이것을 쓰는 것이 아니라 오직 너희를 내 사랑하는 자녀같이 권하려 하는 것이라. 그리스도 안에서 일만 스승이 있으되 아비는 많지 아니하니 그리스도 예수 안에서 복음으로써 내가 너희를 낳았음이라. 그러므로 내가 너희에게 권하노니 너희는 나를 본받는 자 되라.**

사도 바울이 자신의 비천한 형편을 말하는 것은 고린도 교인들을 부끄럽게 하게 하기 위한 것이 아니고, 그들을 사랑하는 자녀들같이 권면하기 위한 것이었다. 고린도교회는 사도 바울의 전도를 통하여 설립되었다. 그는 복음으로 그들을 낳았다. 아버지는 선생들보다 더 큰 사랑을 가지고 자녀들을 가르칠 것이다.

사도 바울은 그들에게 '나를 본받으라'고 권면하였다. 그것은 그의 낮아짐, 그의 비천함, 그의 겸손을 본받으라는 것이다. 고린도교회의 첫째 문제점은 높은 마음에서 생긴 분쟁과 분열이었다. 그들은 이제 높은 마음을 버리고 자신들을 낮추는 것이 필요했다. 그들이 바울이 당한 비천함을 듣는다면 교만을 버리고 겸손해질 수 있을 것이다.

**〔17-21절〕 이를 인하여 내가 주 안에서 내 사랑하고 신실한 아들 디모데를 너희에게 보내었노니 저가 너희로 하여금 그리스도 예수 안에서 나의 행사 곧 내가 각처 각 교회에서 가르치는 것을 생각나게 하리라. 어떤 이들은 내가 너희에게 나아가지 아니할 것같이 스스로 교만하여졌으나 그러나 주께서 허락하시면 내가 너희에게 속히 나아가서 교만한 자의 말을 알아 볼 것이 아니라 오직 그 능력을 알아 보겠노니 하나님의 나라는 말에 있지 아니하고 오직 능력에 있음이라. 너희가 무엇을 원하느냐? 내가 매를 가지고 너희에게 나아가랴? 사랑과 온유한 마음으로 나아가랴?**

하나님의 나라는 하나님께서 통치하시는 나라이다. 하나님께서는 그 나라에서 능력으로 일하신다. 그러므로 그 나라에는 이론만 있지 않고 또한 실제적 삶이 있다. 참된 교회에는 교인들의 바르고 선한 인격과 삶이 있고 또 그들의 거룩한 헌신과 사랑의 봉사가 있다.

본장의 교훈을 정리해보자. 첫째로, 교회는 복음 사역자들을 예수 그리스도의 종들과 기독교 복음의 청지기들로 인식해야 한다. 물론, 복음 사역자들은 성경을 바르게 해석하는 자들이 되어야 한다(딤후 2:15).

둘째로, 우리는 복음 사역자들과 교회 직분자들의 드러나지 않는 점들에 대해 주의 재림 때까지 아무것도 판단하지 말아야 한다.

셋째로, 우리는 교만한 마음을 가지지 말고 서로를 대적하지 말아야 한다. 왜냐하면 우리가 가진 모든 좋은 것들은 다 하나님께 받은 것이기 때문이다. 그러므로 모든 교만과 자랑은 우리에게 합당하지 않다.

넷째로, 우리는 고난 중에 복음 사역을 하며 충성했던 사도 바울의 발자취를 따라야 한다. 그것은 주님 자신께서 가신 길이었고 또 그가 친히 교훈하신 바이었다. 주 예수께서는 아무든지 나를 따라오려거든 자기를 부인하고 십자가를 지고 나를 따르라고 말씀하셨다(마 16:24).

# 5장: 사귀지 말고 내어쫓으라

**〔1-2절〕 너희 중에 심지어 음행이 있다 함을 들으니 이런 음행은 이방인 중에라도 없는 것이라. 누가 그 아비의 아내를 취하였다 하는도다. 그리하고도 너희가 오히려 교만하여져서 어찌하여 통한히 여기지 아니하고 그 일 행한 자를 너희 중에서 물리치지 아니하였느냐?**

고린도교회의 또 하나의 문제는 음행한 자를 용납한 것이었다. '너희 중에 심지어'라는 표현은 그 용납의 행위가 교회의 거룩함에 매우 배치된다는 것을 보인다. 예수 그리스도께서 우리를 죄에서 구원하셨으므로 교회는 거룩해야 한다. 교회는 교리적 이단뿐 아니라, 윤리적 죄악도 용납해서는 안 된다. 그러나 고린도교회는 어떤 교인이 그 아버지의 아내를 취한 큰 악을 용납했다. 그것은 율법에 명백히 정죄된 죄악이었다(레 18:6). 율법은 그런 범죄자를 사형시키라고 규정했다(레 20장). 하나님께서는 이런 벌을 통해 이스라엘 사회에서 악을 제거하기를 원하셨다. 하나님께서는 결혼 관계의 성결을 중시하신다. 부부 관계를 벗어난 성행위는 하나님 앞에서의 큰 죄악이다. 고린도교회가 포용한 그런 행위는 심지어 이방인들 가운데서도 용납되기 어려운 일이었다. 교회는 권징을 통해 그런 악을 제거하고 거룩함을 유지해야 하지만, 고린도교회는 하나님의 뜻을 따르지 않았다.

**〔3-5절〕 내가 실로 몸으로는 떠나 있으나 영으로는 함께 있어서 거기 있는 것같이 이 일 행한 자를 이미 판단하였노라.** [우리][4] **주 예수** [그리스도][5] **의 이름으로 너희가 내 영과 함께 모여서 우리 주 예수** [그리스도](전통사본) **의 능력으로 이런 자를 사단에게 내어주었으니 이는 육신은 멸하고 영은 주 예수의 날에 구원 얻게 하려 함이라.**

---

4) Byz $p^{46}$ B $it^{d}$ 등에 있음.

5) Byz $p^{46}$ ℵ vg $syr^{p}$ cop 등에 있음.

사도 바울은 비록 몸으로는 떠나 있었지만 영으로는 고린도 교인들과 함께 거기에 있어서 그 악한 자를 이미 판단하였다. 그 악한 자가 그 죄를 청산하지 않는다면 그는 교회에서 추방되어야 마땅하였다. 교회는 주 예수의 이름으로 함께 모이는 단체이며 예수 그리스도의 몸이다. 교회의 머리는 예수 그리스도이시다. 교회는 그에게 절대 복종해야 한다. 만일 교회가 예수 그리스도께 복종치 않는다면, 그것은 예수 그리스도의 교회가 아니고 사람들의 모임에 불과할 것이다.

사탄에게 내어주는 것(딤전 1:20도 그런 표현을 함)은 제명출교를 가리킨다고 본다. 교회는 그리스도의 나라이며, 세상은 사탄이 어느 정도 지배권을 행사하는 곳이다. 요한일서 5:19, "아는 것은 우리는 하나님께 속하고 온 세상은 악한 자 안에 처한 것이며." 육신이 멸한다는 말은 사탄에게 내어 준 바 된 결과 사고나 몸의 병 등으로 죽게 됨을 의미할 것이다. '영은 주 예수의 날에 구원 얻게 하려' 한다는 말은 영으로는 회개하여 주 예수의 날, 곧 그의 재림의 날에 구원 얻은 자로 나타나게 된다는 뜻이라고 본다. 권징의 일차적 목적은 그를 버리는 데 있지 않고, 그를 회개시키는 데 있다. 권징하지 않고 내버려두면 오히려 죄를 회개할 기회가 없겠지만, 권징할 때 택함 받은 죄인은 자신을 돌아보고 그 죄를 회개할 기회를 얻을 것이다.

교회가 주 예수의 능력으로 그런 범죄자를 사탄에게 내어준다는 말은 교회의 권세의 원천을 증거한다. 교회의 권세는 예수 그리스도께로부터 나온다. 권징은 예수 그리스도의 권세에 근거하여 시행된다. 권징의 효력은 단지 교회에가 아니고 예수 그리스도께 달려 있다.

**[6-8절] 너희의 자랑하는 것이 옳지 아니하도다. 적은 누룩이 온 덩어리에 퍼지는 것을 알지 못하느냐? 너희는 누룩 없는 자인데 새 덩어리가 되기 위하여 묵은 누룩을 내어버리라. 우리의 유월절 양 곧 그리스도께서** [우리를 위해](전통사본) **희생이 되셨느니라. 이러므로 우리가 명절을 지키되 묵은 누룩도 말고 괴악하고 악독한 누룩도 말고 오직 순전함과 진실함의 누룩**

**없는 떡으로 하자.**

고린도 교인들은 그런 악을 용납하면서도 뻔뻔스럽게 자랑하였다. 그들은 이렇게 말했을지도 모른다. '우리는 대체로 건전하다. 단지 한 명이 잘못되었을 뿐이다.' 그러나 그런 자랑은 옳지 않았다. 그 한 명을 용납한 것이 문제이다. 적은 누룩이 온 덩어리에 퍼지기 때문이다. 악은 전염성을 가진다. 범죄한 한 명 때문에 교회의 거룩함이 상실되고 기강이 흔들리고 있었다. 그가 용납되었다면 또다른 죄인이 용납되지 못할 이유가 없었다. 그러면 교회는 점점 더 부패될 것이다. 이것은 한 지교회나 한 교단이나 마찬가지이다.

예수께서는 구약에 예표된 유월절 양이시다. 그가 우리 대신 희생되심으로 우리는 죄사함을 얻었다. 유월절 양의 피를 문틀에 바름으로 하나님의 심판을 피할 수 있었듯이, 우리는 주 예수 그리스도의 보혈을 믿음으로 하나님의 심판을 피할 수 있게 되었다. 묵은 누룩은 옛 죄악들을 가리킨다. 교회는 예수님의 피로 죄사함 받은 성도들의 모임이다. 그러므로 우리는 옛날의 죄악된 행습을 버려야 한다.

주 예수께서 부활하신 주일은 명절과 같다. 주의 제자들은 이 날 공적 예배를 위해 모이기 시작했다. 이로써, 그리스도인의 안식일은 하나님의 섭리 가운데 제7일 토요일로부터 주간의 첫째날인 주일로 변경되었다. 신약교회는 공적 집회를 가질 때 누룩 없는 떡을 가지고 해야 한다. 그것은 옛날의 죄악들을 다 버리고 순전함과 진실함으로 주일 집회로 모이는 것을 말한다. 교회는 거룩해야 한다. 교회의 구성원들도 거룩해야 하고 교회의 집회들도 거룩해야 한다.

**[9-10절] 내가 너희에게 쓴 것에 음행하는 자들을 사귀지 말라 하였거니와** 이 말은 **이 세상의 음행하는 자들이나 탐하는 자들과 토색하는**[강탈하는(KJV), 속여 취하는(NASB, NIV)] **자들이나 우상숭배하는 자들을 도무지 사귀지 말라 하는 것이 아니니 만일 그리 하려면 세상 밖으로 나가야 할 것이라.**

우리가 악한 자들과 교제하지 말라고 할 때, 그 말을 오해해서는 안 된다. 그것은 결코 이 세상과 격리되라는 뜻이 아니다. 그것은 이 세상을 떠나 산 속으로 들어가라든지 혹은 따로 공동집단을 만들어 그 속에서만 살라는 뜻이 아니다. 이 세상은 죄인들이 사는 세상이므로 우리가 죄인들과 도무지 교제하지 말아야 한다면 우리는 세상 밖으로 나가야 할 것이다. 그러나 하나님의 의도는 그런 것이 아니다. 오히려 성도는 이 세상에서 빛과 소금의 역할을 해야 한다. 우리의 전도 구역은 바로 이 죄악된 세상이며, 우리의 사랑의 대상, 전도와 구원의 대상은 바로 이 세상에 살고 있는 죄인들이다.

**〔11절〕 이제 내가 너희에게 쓴 것은 만일 어떤 형제라 일컫는 자가 음행하거나 탐람**[탐]**하거나 우상숭배를 하거나 후욕**[욕]**하거나 술 취하거나 토색**[강탈]**하거든 사귀지도 말고 그런 자와는 함께 먹지도 말라 함이라.**

우리가 악한 자들과 교제하지 말라는 교훈은 세상 사람들에 대해서가 아니고 교회 안에 있는 자들에 대해서이다. 그것은 '형제라 일컫는 자' 즉 예수 그리스도를 믿는 자들에 대한 것이다. 우리는 아무나 형제라고 부르지 않는다. 형제라는 호칭은 세상과 교회를 구분하는 선과 같다. 예수 그리스도를 믿는 자들만 형제라고 부를 수 있다.

권징과 교제 단절에 대한 교훈은 바로 교회 안에 있는 형제들에 대한 문제이다. 즉 어떤 형제가 음행이나 탐욕이나 우상숭배나 욕하는 것이나 술취함이나 강탈함 등의 죄를 범한다면 그런 자와 교제하지 말라는 교훈이다. 이런 일들은 교회에서 용납되어서는 안 될 죄이다. 교회는 죄에서 구원 얻은 자들의 모임이다. 그러므로 만일 교회 안에 그런 악한 자가 있다면, 우리는 그런 자와 사귀지 말고 함께 먹지도 말아야 한다. 바른 믿음을 저버린 이단자들이나 회개하지 않는 죄인들과 불순종자들은 교회의 교제에서 제외되어야 한다.

**〔12-13절〕 외인들을 판단하는 데 내게 무슨 상관이 있으리요마는 교중**[교회 안에 있는] **사람들이야 너희가 판단치 아니하랴. 외인들은 하나님이**[하나님께서] **판단하시려니와 이 악한 사람은 너희 중에서 내어쫓으라.**

권징의 문제는 교회 밖의 사람들에 대한 문제가 아니고 교회 안에 있는 사람들에 대한 문제이다. 물론 우리가 무엇을 바르게 판단하려면, 우리는 하나님의 말씀인 성경을 밝히 알아야 한다. 하나님께서는 마지막 심판 날에 세상 사람들을 심판하실 것이다. 그러나 교회 안의 악한 자에 대해서는 교회가 판단하고 권징해야 한다. 만일 어떤 교인이 자신이 행한 악을 회개하지 않는다면 교회는 그를 교회의 교제로부터 제외시켜야 한다. 만일 우리가 하나님의 교회가 거룩해야 한다는 것을 안다면, 또 죄의 심각성과 전염성을 안다면, 교회는 이 교훈대로 충실하게 권징을 시행해야 한다. 목사가 바른 교훈을 하고 교인들이 바른 신앙고백을 하고 실천을 힘쓰고 권징이 충실히 시행될 때, 그 교회는 하나님의 영광과 능력이 함께할 것이다. 참 교회는 권징을 충실히 시행하는 교회이다. 권징이 없는 교회는 참 교회의 표를 잃어버리고 있는 교회이며 병들었거나 죽어가는 교회일 것이다.

본장의 교훈을 정리해보자. 첫째로, 교회는 누룩 없는 덩어리이어야 한다(7절). 교회는 음행, 탐욕, 우상숭배, 욕설, 술취함, 강탈 등의 드러난 죄들을 용납해서는 안 된다. 교회는 거룩한 교회이어야 한다.

둘째로, 적은 누룩은 온 덩이에 퍼진다(6절). 교회 안에 허용된 죄는 다른 성도의 삶을 부패시킬 것이다. 한 가지 죄가 포용되면 점차 다른 죄도 포용될 것이다. 또 그렇게 되면 교회는 점점 해이해지고 말 것이다. 그러므로 죄는 작은 것 하나라도 용납하려고 해서는 안 된다.

셋째로, 우리는 회개하지 않는 드러난 범죄자와 교제하지 말고 그를 내어쫓아야 한다. 교리적 이단들뿐 아니라, 도덕적 범죄자들도 권징의 대상이다. 우리는 그런 범죄한 자를 한두 번 권면하고 경계하지만, 계속 회개하지 않는다면, 그와의 개인적, 교회적 교제를 끊어야 한다. 11, 13절, "사귀지도 말고 그런 자와는 함께 먹지도 말라 함이라," "외인들은 하나님께서 판단하시려니와 이 악한 사람은 너희 중에서 내어쫓으라."

# 6장: 너희 몸으로 하나님께 영광을 돌리라

**〔1절〕 너희 중에 누가 다른 이로 더불어 일이 있는데 구태여 불의한 자들 앞에서 송사하고 성도 앞에서 하지 아니하느냐?**

고린도교회에는 성도간의 문제로 세상 법정에 소송하는 일이 있었다. 그러나 성도가 어떤 일로 다른 성도를 세상 법정에 고소하는 것은 의인이 불의한 자 앞에 판결을 구하는 옳지 않은 일이다. 성도들간의 갈등의 문제는 성도들 앞에서 즉 교회 안에서 해결되어야 한다. 성도는 세상 법정보다 교회 법정을 더 크게 여겨야 한다.

**〔2-3절〕 성도가 세상을 판단할 것을 너희가 알지 못하느냐? 세상도 너희에게 판단을 받겠거든 지극히 작은 일 판단하기를 감당치 못하겠느냐? 우리가 천사를 판단할 것을 너희가 알지 못하느냐? 그러하거든 하물며 세상일이랴.**

성도는 마지막 심판 날에 세상 사람들을 판단할 것이며 악한 천사들도 판단할 것이다. 그렇다면 성도가 상호간의 일들을 판단치 못해서야 되겠는가. 그러므로 교회는 성도 상호간의 일을 판단해야 한다. 성도는 양심을 깨끗이 씻음 받았고 하나님께로부터 바른 분별력과 판단력을 받았으므로 세상 사람들보다 더 공정한 판단을 할 수 있다.

**〔4-5절〕 그런즉 너희가 세상 사건이 있을 때에 교회에서 경히 여김을 받는 자들을 세우느냐? 내가 너희를 부끄럽게 하려 하여 이 말을 하노니 너희 가운데 그 형제간 일을 판단할 만한 지혜 있는 자가 이같이 하나도 없느냐?**

교회가 성도간의 문제를 재판하기 위해 모였을 때, 교회는 그 일을 처리하기 위해 교회 안에서 경히 여김을 받는 자들을 세워서는 안 된다. 교회는 세상과 다르다. 교회의 일들은 진리의 지식과 믿음과 지혜가 있는 자들을 세워 처리해야 한다. 그런 사람은 사람을 두려워하지 않고 무엇이든지 바른 판단을 하고 일을 바르게 처리할 수 있을 것이다. 그런데 고린도교회에는 그런 자가 없었던 것 같다. 그러나 하나님께서는 교회의 필요를 공급하실 것이다. 하나님께서는 시기 적절하게 진리의 지식과 믿음과 지혜가 있는 자들을 세워 주실 것이다.

〔6-8절〕 **형제가 형제로 더불어 송사할 뿐더러 믿지 아니하는 자들 앞에서 하느냐? 너희가 피차 송사함으로 너희 가운데 이미 완연한 허물이 있나니 차라리 불의를 당하는 것이 낫지 아니하며 차라리 속는 것이 낫지 아니하냐? 너희는 불의를 행하고 속이는구나. 저는 너희 형제로다.**

성도간의 문제를 세상 법정에 고소하고 불신자들 앞에서 재판을 받는 것은 부끄럽고 잘못된 일이다. 죄씻음 받은 자들이 죄인들에게 판단 받는 것은 합당치 않다. 그러므로 그렇게 하는 것보다는 모든 일을 하나님께 맡기고 차라리 불의를 당하고 속는 것이 더 낫다.

〔9-10절〕 **불의한 자가 하나님의 나라를 유업으로 받지 못할 줄을 알지 못하느냐? 미혹을 받지 말라**[속지 말라]. **음란하는 자나 우상숭배하는 자나 간음하는 자나 탐색하는 자**(말라코이 μαλακοὶ)[여자 같은 남자들, 동성애자들, 미동(美童), 남창]**나 남색하는 자**(아르세노코이타이 ἀρσενοκοῖται)[남자 동성애자]**나 도적이나 탐람하는**[탐하는] **자나 술 취하는 자나 후욕**[욕]**하는 자나 토색**[강탈]**하는 자들은 하나님의 나라를 유업으로 받지 못하리라.**

불의한 자는 하나님의 나라를 기업으로 받지 못한다. '미혹을 받지 말라'는 말은 '속지 말라'는 뜻이다. 죄 가운데 머물러 죄의 낙을 누리면서도 구원 얻고 천국에 들어가리라고 생각하는 것은 속는 생각이다. 사도 바울은 천국에 들어가지 못할 자들의 죄악들을 열거한다.

첫째는 음란이다. 음란은 결혼 관계 외의 성행위를 가리킨다. 오늘 시대는 매우 음란한 시대이다. 성도는 이 시대의 음란 풍조를 경계해야 한다. 음란에 대한 최선의 대책은 시험되는 환경을 피하는 것이다.

둘째는 우상숭배이다. 하나님 외의 다른 신에게 절하는 것, 조상의 혼령을 섬기는 제사와 차례, 점치는 것, 마리아의 무죄함, 승천, 중보자 됨을 믿고 그에게 기도함, 돈 사랑 등은 다 우상숭배에 해당한다.

셋째는 간음이다. 결혼한 사람이 자기 배우자가 아닌 자와 성관계를 가지는 것이 간음이며 이것은 사형에 해당하는 큰 악이다. 신명기 22:22, “남자가 유부녀와 통간함을 보거든 그 통간한 남자와 그 여자를 둘 다 죽여 이스라엘 중에 악을 제할지니라.”

넷째는 동성애이다. 본문은 두 개의 단어를 사용해 동성애를 정죄한다. 레위기 20:13은 동성애를 사형에 해당하는 죄악으로 간주한다.

다섯째는 도적질이다. 속여 취한 재물은 사람에게 결코 복이 되지 못한다. 잠언 20:17, “속이고 취한 식물은 맛이 좋은 듯하나 후에는 그 입에 모래가 가득하게 되리라.” 성도는 돈 셈이 정확해야 한다.

여섯째는 탐람[탐욕]이다. 그것은 더 가지려는 욕심이다. 예수께서는 “모든 탐심을 물리치라”고 말씀하셨다(눅 12:15). 탐심은 우상숭배이다(골 3:5). “돈을 사랑함이 일만 악의 뿌리가 된다”(딤전 6:10). 우리는 돈을 사랑치 말고 있는 바를 족한 줄로 알아야 한다(히 13:5).

일곱째는 술 취하는 것이다. 술 취함은 마약과 같이 바른 정신을 잃게 하고 많은 실수와 범죄의 원인이 되는 나쁜 행위이다.

여덟째는 욕하는 것이다. 남을 비열하게 비난하고 욕하는 것은 큰 악이다. 진실을 증거해야 할 경우, 부득이 정당한 비난을 해야 할 때가 있겠지만, 성도는 보통 다른 이에 대한 비난을 삼가는 것이 좋다.

아홉째는 남의 물건을 강제로 빼앗는 것이다.

이상의 악들을 행하는 자들은 하나님의 나라를 유업으로 받을 수 없다. 이런 자들은 교회 속에 있어서도 안 된다. 교회는 충실한 권징으로 이런 자들을 배제하고 거룩한 회(會)가 되어야 한다.

**〔11절〕 너희 중에 이와 같은 자들이 있더니 주 예수 (그리스도)의 이름과 우리 하나님의 성령 안에서 씻음과 거룩함과 의롭다 하심을 얻었느니라.**

본절 후반부는 원문에 “그러나 씻음을 받았고, 그러나 거룩하여졌고, 그러나 의롭다 하심을 얻었다”고 표현되었다. 성도는 다 과거에 죄인이었지만 그러나 지금 씻음을 받았고 지금 거룩하여졌고 지금 의롭다 하심을 얻었다. 이것이 구원이다. 이것은 주 예수 그리스도의 대속 사역과 성령의 활동으로 된 일이다. 우리는 우리의 의로운 행위로가 아니고 오직 하나님의 은혜와 예수 그리스도의 대속(代贖)으로 구원을 얻었다. 그러므로 우리는 계속 불의한 행위 가운데, 계속 죄 가운데 머물러 있어서는 안 된다. 요한일서 3:9, "하나님께로서 난 자마다 죄를 짓지 아니하나니 이는 하나님의 씨가 그의 속에 거함이요 저도 범죄치 못하는 것은 하나님께로서 났음이라." 그러므로 구원 얻은 성도는 그 구원에 합당하게 거룩하고 의로운 삶을 살아야 한다.

**〔12절〕 모든 것이 내게 가하나 다 유익한 것이 아니요 모든 것이 내게 가하나 내가 아무에게든지 제재를**[지배를] **받지 아니하리라.**

사람에게는 행동의 자유가 있어서 무슨 일이든지 할 자유가 있으나 자기에게 다 유익한 것은 아니다. 어떤 일은 죄악되어 그에게 해를 준다. 죄악되지 않은 일들 중에도 절제하지 않으면 해가 되는 것들이 있다. 예를 들어, 사람이 음식을 먹을 자유가 있지만 과식하면 자기에게 유익이 아니고 해가 된다. 취미 생활이나 오락도 너무 빠지면 신앙생활에 해가 된다. 성도가 돈을 버는 것은 죄가 아니지만, 돈에 종이 되지 말아야 하고, 또 육신의 쾌락에 종이 되지 말아야 한다.

**〔13-14절〕 식물은 배를 위하고 배는 식물을 위하나 하나님이**[하나님께서] **이것저것 다 폐하시리라. 몸은 음란을 위하지 않고 오직 주를 위하며 주는 몸을 위하시느니라. 하나님이**[하나님께서] **주를 다시 살리셨고 또한 그의 권능으로 우리를 다시 살리시리라.**

음식은 먹기 위해 있고 배는 음식을 위해 있다. 먹을 것이 없다면, 배가 있을 필요가 없다. 그러나 하나님께서 허락하시는 동안만 서로를 위할 수 있다. 하나님께서 위장병을 주시면 음식을 먹을 수 없고 세상에 기근을 주셔도 위가 할 일이 없게 될 수 있다.

특히 우리의 몸은 음란을 위하여 존재하는 것이 아니다. 우리는 몸에 죄성이 있어서 언제나 음란에 떨어질 수 있다. 그러나 몸을 그렇게 사용해서는 안 된다. 우리의 몸은 일차적으로 하나님께서 허락하신 부부의 사랑이나 육신적 즐거움을 위해 존재하는 것도 아니다. 우리의 몸은 첫째로 하나님과 주 예수님을 위해 존재한다. 그러므로 우리의 몸은 하나님과 주 예수님께 순종하는 데 사용되어야 한다.

그러나 사실, 우리가 하나님을 위하기 전에 하나님께서 먼저 우리를 위하셨다. 하나님의 아들 예수께서는 사람이 되셔서 우리의 연약성을 아셨고 우리를 동정하셨고(히 4:15), 친히 우리를 위해, 우리 죄 때문에 십자가에 못박혀 죽으셨고 보배로운 피를 흘리셨다.

하나님께서는 장차 우리의 몸을 예수님의 영광스런 부활의 몸과 같이 부활시키실 것이다. 하나님께서 예수 그리스도를 다시 살리심 같이 그 동일한 능력으로 모든 죽은 성도들을 영광스럽게 다시 살리실 것이다. 주의 재림의 날에 성도들은 영광스럽게 부활할 것이다.

**〔15-16절〕 너희 몸이 그리스도의 지체인 줄을 알지 못하느냐? 내가 그리스도의 지체를 가지고 창기의 지체를 만들겠느냐? 결코 그럴 수 없느니라. 창기와 합하는 자는** 저와 **한 몸인 줄을 알지 못하느냐? 일렀으되 둘이 한 육체가 된다 하셨나니.**

더 놀라운 사실은, 구원 얻은 우리가 예수 그리스도의 몸의 지체가 되었다는 것이다. 그러므로 성도는 자기의 몸을 거룩하게 지켜야 하고, 자기 몸을 창녀와 결합하여 더럽혀서는 안 된다.

**〔17절〕 주와 합하는 자는 한 영이니라.**

'주와 합한다'는 말은 영적 연합을 가리킨다. 그것은 요한복음 15장에서 주께서 "나는 포도나무요 너희는 가지라"고 말씀하신 뜻과 같고 성경에 자주 나오는 '주 안에' 혹은 '그리스도 안에'라는 말씀의 뜻과 같다. 이것은 주님과 우리의 인격적 구별을 부정하는 말로 오해해서는 안 된다. 사람과 하나님의 실체적 연합은 불가능하다. 유한한 인간과 무한하신 하나님은 결코 하나가 될 수 없다. 우리가 주와 한 영이 된다는 말씀은 단지 영적, 정신적 의미일 뿐이다.

**〔18절〕 음행을 피하라. 사람이 범하는 죄마다 몸 밖에 있거니와 음행하**

**는 자는 자기 몸에게 죄를 범하느니라.**

성도는 예수 그리스도의 몸이며 그의 지체이기 때문에 자기 몸을 음행에 내어주어서는 안 된다. 음행을 피해야 한다. 음행은 다른 죄들과 달리 자기 몸을 더럽힌다. 그러므로 우리는 주 예수 그리스도의 지체인 우리의 몸을 음행으로 더럽히지 말아야 한다.

**〔19-20절〕 너희 몸은 너희가 하나님께로부터 받은 바 너희 가운데 계신 성령의 전인**[전이며] (**줄을 알지 못하느냐?**) **너희는 너희의 것이 아니라**[아님을 알지 못하느냐? 이는 너희가] **값으로 산 것이 되었으니**[되었음이라] (KJV, NASB) **그런즉 너희 몸으로**[하나님의 것인 너희 몸과 너희 영으로](전통본문)[6] **하나님께 영광을 돌리라.**

우리의 몸은 성령의 전이며 주의 핏값으로 사신 바된 몸이다(고전 3:16; 행 20:28). 그러므로 우리는 우리 몸을 항상 거룩하게 보존해야 하고 우리의 몸과 영혼을 하나님의 영광을 위해 바치며 살아야 한다. 성도의 첫 번째 생활목표는 '하나님의 영광을 위해'이다. 이사야 43:7은 "무릇 내 이름으로 일컫는 자 곧 내가 내 영광을 위하여 창조한 자를 오게 하라. 그들을 내가 지었고 만들었느니라"고 말한다. 소요리문답 제1문답은, "사람의 제일 되는 목적은 하나님을 영화롭게 하고 영원히 그를 즐거워하는 것이다"라고 말한다.

하나님의 영광을 위하여 산다는 것은 항상 하나님을 찬송하며 그에게 감사와 영광을 돌리는 삶을 말하며(사 43:21), 또한 하나님의 뜻대로 의롭고 선하고 진실하게 사는 삶을 말한다. 그것은 성경의 진리대로 사는 삶이며 서로 사랑하는 삶이다(요일 3:23). 요한이서 4, "너의 자녀 중에 우리가 아버지께 받은 계명대로 진리에 행하는 자를 내가 보니 심히 기쁘도다." 그것은 또한 하나님을 알지 못하는 자들에게 예수 그리스도의 구원의 소식을 전하는 것을 포함한다.

---

6) Byz $vg^{ms}$ $syr^{p}$ arm 등에 있음.

본장의 교훈을 정리해보자. 첫째로, 우리는 성도들간의 소송 문제를 세상 법정으로 가져가지 말고 교회 안에서 해결해야 한다. 우리는 세상에서 구원을 얻은 자들이다. 세상은 하나님을 알지 못하고 죄 가운데 있지만, 우리는 하나님께로 돌아와 죄사함을 받았고 새 삶을 살기 시작하였다. 성도는 마지막 날 세상을 판단할 것이며 천사들도 판단할 것이다. 그러므로 성도들간의 문제를 세상 사람인 법관 앞에 판단을 받는 것은 부끄러운 일이며 잘못된 일이다. 하나님께서는 교회에 그런 일을 판단할 만한 진리의 지식과 믿음과 지혜를 가진 자들을 주실 것이다.

둘째로, 우리는 불의한 자가 하나님의 나라에 들어가지 못함을 알아야 한다. 하나님께서는 마지막 날 온 세상을 공의로 심판하실 것이다. 그는 음란, 우상숭배, 간음, 동성애, 도적질, 탐심, 술취함, 욕설, 강탈 등의 죄를 범한 자를 하나님 나라에서 제외하실 것이며 그가 사탄과 악령들을 위해 준비한 영원한 지옥 불못에 던져 넣으실 것이다. 하나님의 최종적 심판과 형벌은 매우 무서울 것이다. 지옥은 참으로 두려운 곳일 것이다. 우리는 다 과거에 지옥 가야 마땅했던 죄인들이었으나 하나님의 은혜와 우리 주 예수 그리스도의 대속 사역과 성령의 역사로 죄씻음을 받았고 거룩함을 얻었고 의롭다 하심을 얻었다. 그러므로 이제 우리는 모든 죄악을 멀리하고 거룩하고 의롭고 선하게만 살아야 한다.

셋째로, 우리는 우리의 몸으로 하나님께 영광을 돌려야 한다. 우리 주 예수 그리스도께서는 십자가의 보혈로 우리를 사셨고 우리의 몸을 그의 지체가 되게 하셨고 성령께서는 우리 몸 속에 오셔서 우리의 몸을 그의 성전으로 삼으셨다. 우리는 하나님의 귀하고 거룩한 성전이 되었다. 그러므로 우리는 우리의 몸으로 음행과 같은 죄를 지음으로써 우리 몸을 더럽혀서는 안 된다. 우리는 우리의 몸과 영혼을 하나님의 영광을 위해 거룩하고 선하게 드려야 한다. 그것은 하나님의 뜻대로, 즉 성경의 교훈대로 거룩하게 살고 선하게 사는 것을 말한다. 우리는 우리의 몸을 하나님을 찬송하는 일과 하나님의 선한 일들에 사용해야 한다.

# 7장: 독신, 결혼, 절제

**[1-2절] 너희의 쓴 말에 대하여는 남자가 여자를 가까이**(합토마이 ἅπτομαι)[만지지](KJV, NASB) **아니함이 좋으나 음행의 연고로 남자마다 자기 아내를 두고 여자마다 자기 남편을 두라.**

결혼이 하나님께서 주신 제도이지만(창 2:18; 잠 18:22), 결혼하지 않는 것이 더 좋다고 말한 것은 임박한 환난 때문이었다(26절). 환난 때에는 가족이 즐거움이 아니라 짐이 될 수 있다. 또 성도는 결혼하지 않을 때 하나님의 일에 전념할 수 있다(32-33절). 오늘날도 하나님의 일에 전념하기를 원하는 성도들은 독신으로 살 수 있다.

독신의 장점이 있지만, 결혼의 필요성도 있다. 결혼 제도는 아내가 남편을 돕게 하기 위해 또 자녀 출산을 위해 주셨지만, 음행의 방지를 위해서도 주셨다. 세상이 '악하고 음란한' 세상이며 성도가 세상에서 음행의 시험을 받으나, 정상적 결혼 생활은 최선의 방지책이 된다.

**[3-4절] 남편은 그 아내에게 대한 의무를 다하고 아내도 그 남편에게 그렇게 할지라. 아내가 자기 몸을 주장하지 못하고 오직 그 남편이 하며 남편도 이와 같이 자기 몸을 주장하지 못하고 오직 그 아내가 하나니.**

결혼한 사람은 자기 의무를 다해야 한다. 남편은 아내를 사랑하고 다정한 표정과 따뜻한 말로 그 사랑을 표현하고 경제적 책임을 다해야 하고, 아내는 남편과 자녀를 사랑하고 자녀 양육, 식사 준비 등의 집안일을 함으로써(딛 2:4-5) 남편이 바깥일을 자유로이 할 수 있게 해야 한다. 또 그들은 부부로서의 의무도 행해야 한다. 부부는 한 몸이므로, 자기 몸을 상대방이 주장하도록 해야 할 의무가 있다. 부부의 감정은 서로 다를 수 있기 때문에, 상대방의 원하는 바를 무시하지 말고 존중하고 사랑하고 품어줄 수 있어야 한다. 그렇지 못할 때에, 부부 관계에 불만이 생기고 사랑이 식어지고 갈등이 커질 수 있다.

**〔5절〕 서로 분방하지**[거절하지] **말라. 다만** [금식하고](전통사본)[7] **기도할 틈을 얻기 위하여 합의상 얼마 동안은 하되 다시 합하라. 이는 너희의 절제 못함을 인하여 사단으로 너희를 시험하지 못하게 하려 함이라.**

결혼한 자는 서로의 부부의 권리를 빼앗지 말고 상대방이 원할 때 거절하지 말아야 한다. 그러나 금식하고 기도할 시간을 위해선 서로 떨어져 있을 수 있다. 하나님과의 관계는 부부관계보다 더 중요하다. 그러나 분방하는 것도 서로 합의해서 단지 '얼마 동안' 해야 한다.

부부가 분방치 말아야 할 이유는 절제 못함을 인해 사탄으로 시험하지 못하게 하기 위함이다. 마귀는 사람의 약점을 엿본다. 육신적인 감정과 욕구는 사람의 공통적 약점이다. 그러므로 성도는 이 일에 있어서 지혜롭게 처신해야 한다. 신앙생활과 부부생활은 별개의 것이 아니다. 믿음 좋은 사람은 부부관계도 좋아야 한다. 부부간에 다투는 일이 있더라도 각방을 쓰지 말고 속히 화합하는 것이 필요하다.

**〔6-7절〕 그러나 내가 이 말을 함은 권도(權道)**[허용]**요 명령은 아니라. 나는 모든 사람이 나와 같기를 원하노라. 그러나 각각 하나님께 받은 자기의 은사가 있으니 하나는 이러하고 하나는 저러하니라.**

바울이 결혼의 필요성을 말하는 것은 명령이 아니고 허용하는 것 뿐이다. 그는 이미 '남자가 여자를 가까이 아니함이 좋다'고 말했고 또 '나는 모든 사람이 나와 같기를 원한다'고 말한다(8절). 이 말씀들에서 그는 분명히 독신의 유익을 말하고 있다. 물론 결혼이 두렵다거나 귀찮아서가 아니고, 또 자유 분방하게 살기 위해서도 아니다. 독신이 유익한 것은 오직 하나님의 일들에 전념하기 위해서이다. 그러나 독신은 하나님께서 주시는 은사가 있어야 가능하다(마 10:10-12).

**〔8-9절〕 내가 혼인하지 아니한 자들과 및 과부들에게 이르노니 나와 같이 그냥 지내는 것이 좋으니라. 만일 절제할 수 없거든 혼인하라.** 정욕이 **불같이 타는 것보다 혼인하는 것이 나으니라.**

---

7) Byz syr$^{p}$ Origen$^{lat-1/6}$ 등에 있음.

바울은 결혼하지 않은 자들이나 과부들에게 "나와 같이 그냥[독신으로] 지내는 것이 좋다"고 말한다. 그러나 그는 즉시 "만일 절제할 수 없거든 혼인하라"고 말한다. 절제할 수 없는 것보다 결혼하는 것이 낫다. 사람이 절제하지 못하면 범죄할 수 있기 때문이다. 사람의 육신의 욕구는 결혼을 통해 정당하게 해소되는 것이 좋다(딤전 5:14).

**〔10-11절〕 혼인한 자들에게 내가 명하노니 (명하는 자는 내가 아니요 주시라.) 여자는 남편에게서 갈리지**[나뉘지] **말고 (만일 갈릴지라도 그냥 지내든지 다시 그 남편과 화합하든지 하라.) 남편도 아내를 버리지 말라.**

결혼한 자는 이혼하지 말아야 한다. 정당한 이혼이 아닌 경우 여자가 부득이 남편을 떠나 별거하게 되면, 재혼하지 않고 그대로 지내든지 그 남편과 다시 합해야 한다. 그러나 정당한 이혼을 한 경우에는 재혼이 가능하다(웨스트민스터 신앙고백 24:5). 남편도 아내를 버려서는 안 된다. 음행 외에 아내를 버릴 수 있는 정당한 이유는 없다.

**〔12-13절〕 그 남은 사람들에게 내가 말하노니 (이는 주의 명령이 아니라.) 만일 어떤 형제에게 믿지 아니하는 아내가 있어 남편과 함께 살기를 좋아하거든 저를 버리지 말며 어떤 여자에게 믿지 아니하는 남편이 있어 아내와 함께 살기를 좋아하거든 그 남편을 버리지 말라.**

'주의 명령이 아니라'는 말은 주께서 지상 생애 동안에 이런 경우에 대해 직접 말씀하신 적이 없다는 뜻이다. 그러나 사도를 통하여 이 경우에 대한 하나님의 뜻이 증거된다. 부부 중에 한 쪽만 믿는 경우, 믿지 않는 쪽이 함께 살기를 좋아하면 믿는 이는 그를 버리지 말아야 한다. 이것은 결혼한 남녀 중 한 쪽이 먼저 믿게 되었을 경우를 말한다. 물론, 성도는 믿는 자와만 결혼해야 한다(고전 7:39; 신 7:1-4).

**〔14절〕 믿지 아니하는 남편이 아내로 인하여 거룩하게 되고**[되었고] **믿지 아니하는 아내가 남편으로 인하여 거룩하게 되나니**[되었나니] **그렇지 아니하면 너희 자녀도 깨끗지 못하니라. 그러나 이제 거룩하니라.**

부부 중에 한 쪽만 믿어도 그의 가정은 이미 세상 사람들의 가정과 구별되었다. 하나님의 구원의 은혜가 그 가정에 나타나기 시작했다. 다른 쪽의 구원의 가능성이 열렸다. 또 믿는 가정에 태어난 자녀들은 부모 중 한 쪽만 믿어도 거룩하다. 이것은 언약적 의미라고 본다.

**〔15-17절〕 혹 믿지 아니하는 자가 갈리거든 갈리게**[나뉘거든 나뉘게] **하라. 형제나 자매나 이런 일에 구속받을 것이 없느니라. 그러나 하나님은**[하나님께서는] **화평 중에서 너희**[우리][8]**를 부르셨느니라. 아내된 자여, 네가 남편을 구원할는지 어찌 알 수 있으며 남편된 자여, 네가 네 아내를 구원할는지 어찌 알 수 있으리요. 오직 주께서 각 사람에게 나눠주신 대로 하나님이**[하나님께서] **각 사람을 부르신 그대로 행하라. 내가 모든 교회에서 이와 같이 명하노라.**

믿지 않는 이가 헤어지기를 원하면 헤어질 수 있다. 하나님께 대한 믿음은 부부관계보다 우선적이기 때문이다. 믿음은 영생의 길이므로 성도에게 절대적 요소이며 부부관계보다 앞서야 한다. 믿는 성도가 믿지 않는 쪽을 구원할 수 있다는 보장은 없다. 어느 날 내가 상대방을 구원할 수 있을 것이라는 막연한 기대 때문에 참고 지내겠다는 것은 결코 최선의 생각이 아니다. 그러나 가능한 한 화평을 지키는 것이 좋다. 별거는 부득이한 일이며 이혼은 최악의 조치일 뿐이다.

**〔18-19절〕 할례자로 부르심을 받은 자가 있느냐? 무할례자가 되지 말며 무할례자로 부르심을 받은 자가 있느냐? 할례를 받지 말라. 할례받는 것도 아무것도 아니요 할례받지 아니하는 것도 아무것도 아니로되 오직 하나님의 계명을 지킬 따름이니라**[지키는 것이 중요함이라].

성도에게 할례를 받고 안 받고는 중요하지 않다. 심지어 세례 의식도 그 형식 자체가 중요한 것이 아니다. 참 종교는 형식에 있지 않고 믿음과 순종에 있다. 갈라디아서 5:6, "그리스도 예수 안에서는 할례나 무할례가 효력이 없되 사랑으로써 역사하는 믿음뿐이니라."

**〔20-24절〕 각 사람이 부르심을 받은 그 부르심 그대로 지내라. 네가 종**

---

8) Byz $p^{46}$ B latt syr $cop^{sa}$ 등이 그러함.

**으로 있을 때에 부르심을 받았느냐? 염려하지 말라. 그러나 자유할 수 있거든 차라리 사용하라. 주 안에서 부르심을 받은 자는 종이라도 주께 속한 자유자요 또 이와 같이 자유자로** 있을 때에 **부르심을 받은 자는 그리스도의 종이니라. 너희는 값으로 사신 것이니 사람들의 종이 되지 말라. 형제들아, 각각 부르심을 받은 그대로 하나님과 함께 거하라.**

예수 그리스도 안에서는 성도가 가진 세상적 신분이나 어떤 육신적 조건이 중요하지 않다. 모든 그리스도인은 주 안에서 다 동등한 특권을 누린다. 골로새서 3:11, "거기는 헬라인과 유대인이나 할례당과 무할례당이나 야인[야만인]이나 스구디아인이나 종이나 자유인이 분별이 있을 수 없나니." 베드로전서 2:9, "너희는 택하신 족속이요 왕 같은 제사장들이요 거룩한 나라요 그의 소유된 백성이니." 성도는 예수님의 속죄의 피로 사신 바 되어 그의 종이 되었다. 그러므로 우리는 사람들의 종이 되지 말고 오직 하나님의 뜻에 순종해야 한다.

**〔25-26절〕 처녀에 대하여는 내가 주께 받은 계명이 없으되 주의 자비하심을 받아서 충성된 자가 되어 의견**[판단]**을 고하노니 내 생각에는 이것이 좋으니 곧 임박한 환난을 인하여 사람이 그냥 지내는 것이 좋으니라.**

사도의 판단은 신적 권위를 가진다(살후 2:15). 그는 충성된 마음으로 권하기를, 임박한 환난 때문에 처녀가 그냥 지내는 것이 좋다고 했다. 환난 중에는 의식주 문제로 많은 고통이 따를 것이기 때문이다.

**〔27-28절〕 네가 아내에게 매였느냐? 놓이기를 구하지 말며 아내에게서 놓였느냐? 아내를 구하지 말라. 그러나 장가가도 죄 짓는 것이 아니요 처녀가 시집가도 죄 짓는 것이 아니로되 이런 이들은 육신에 고난이 있으리니 나는 너희를 아끼노라.**

결혼한 자는 결혼의 의무를 짐스럽게 생각하여 거기로부터 해방되기를 구하지 말아야 한다. 그러나 사람이 아내와 사별(死別)했거나 정당하게 이혼했을 경우 아내를 구하지 않는 것이 좋다. 그러나 결혼하는 것은 죄 짓는 일이 아니며 단지 육신에 고통이 따를 뿐이다.

**〔29-31절〕 형제들아, 내가 이 말을 하노니 때가 단축하여진 고로 이후**

**부터 아내 있는 자들은 없는 자같이 하며 우는 자들은 울지 않는 자같이 하며 기쁜 자들은 기쁘지 않은 자같이 하며 매매하는 자들은 없는 자같이 하며 세상 물건을 쓰는 자들은 다 쓰지 못하는 자같이 하라. 이 세상의 형적은 지나감이니라.**

성도는 세상에서 맡겨진 자기의 의무에 충실해야 하지만 세상의 것들을 의지하거나 자랑해서는 안 된다. 그것들은 다 지나가기 때문이다. 구원 얻은 성도들은 이 세상이 헛된 줄 알고 세상 위주로 살지 않고 오직 하나님과 내세에 소망을 두고 하나님을 기뻐하며 하나님의 말씀인 성경 읽기를 좋아하고 하나님의 뜻 행하기를 힘써야 한다.

**〔32-35절〕 너희가 염려 없기를 원하노라. 장가가지 않은 자는 주의 일을 염려하여 어찌하여야 주를 기쁘시게 할꼬 하되 장가간 자는 세상일을 염려하여 어찌하여야 아내를 기쁘게 할꼬 하여**[하니라.] **(마음이 나누이며)**[아내와 처녀 사이에도 차이가 있느니라](전통사본).[9] **시집가지 않은 자(와 처녀)는 주의 일을 염려하여 몸과 영을 다 거룩하게 하려 하되 시집간 자는 세상일을 염려하여 어찌하여야 남편을 기쁘게 할꼬 하느니라. 내가 이것을 말함은 너희의 유익을 위함이요 너희에게 올무를 놓으려 함이 아니니 오직 너희로 하여금 이치에 합하게 하여 분요함이 없이 주를 섬기게 하려 함이라.**

결혼한 자는 상대방을 기쁘게 하기 위해 애쓰게 된다. 이것은 결혼한 자로서 정상적인 행위이며 불가피한 일이다. 그러나 결혼하지 않은 자는 결혼한 자보다 더 주의 일을 위해 살 수 있다. 독신은 유익이 있다. 그러나 바울이 독신의 장점을 가르침은 성도에게 시험의 올무를 놓으려 함이 아니요 마음의 흐트러짐 없이 전심으로 주를 섬길 수 있게 하려 함이었다. 성도는 주의 일을 위해 독신생활을 할 수 있다.

**〔36-38절〕 누가 자기의 처녀** 딸에 **대한 일이 이치에 합당치 못한 줄로 생각할 때에 혼기(婚期)도 지나고 그같이 할 필요가 있거든 마음대로 하라. 이것은 죄 짓는 것이 아니니 혼인하게 하라. 그러나 그 마음을 굳게 하고 또 부득이한 일도 없고 자기 뜻대로 할 권리가 있어서 그 처녀** 딸을 **머물러**

---

9) Byz it$^{(d)}$ (vg$^{mss}$ syr$^{p}$ Tertullian) 등이 그러함.

**두기로 마음에 작정하여도 잘하는 것이니라. 그러므로 처녀** 딸을 **시집 보내는 자도 잘하거니와 시집 보내지 아니하는 자가 더 잘하는 것이니라.**

부모가 처녀 딸을 결혼시키는 것은 정당한 일이요 죄 짓는 것이 아니지만, 결혼시키지 않고 그로 하여금 주의 일에 전적으로 힘쓸 수 있게 하는 것은 더 잘하는 것이다. 물론, 그가 스스로 원해야 한다.

**〔39절〕 아내가 그 남편이 살 동안에** [법으로][10] **매여 있다가 남편이 죽으면 자유하여 자기 뜻대로 시집갈 것이나 주 안에서만 할 것이니라.**

남편이 죽으면 아내는 재혼할 수 있다. '주 안에서만 하라'는 말씀은 성도의 결혼의 기본 원리를 증거한다. 성도는 반드시 구주 예수님을 믿는 자와만 결혼해야 한다(신 7:1-4; 느 13:23-27; 고후 6:14-16).

**〔40절〕 그러나 내 뜻**[의견, 판단]**에는 그냥 지내는 것이 더욱 복이 있으리로다. 나도 또한 하나님의 영을 받은 줄로 생각하노라.**

사도의 교훈은 하나님의 성령의 감동으로 깨달은 교훈이다.

본장의 교훈을 정리해보자. 첫째로, 독신(獨身)은 유익하다. 독신은 마음의 흐트러짐이 없이 하나님의 선한 일에 전심전력할 수 있는 유익이 있다. 그러나 단지 하나님께서 주시는 절제의 은혜가 필요하다.

둘째로, 결혼은 악하고 음란한 세상에서 음행 방지를 위해 하나님께서 주신 최선의 방책이다. 절제의 은사가 부족한 자들은 결혼 관계를 잘 사용함으로써 세상에서 마귀가 주는 음행의 시험을 막을 수 있다.

셋째로, 결혼한 자는 그 의무를 다해야 한다. 부부는 각자의 의무를 다해야 하며 특히 자기 몸을 자기가 주장하지 말고 상대방을 먼저 배려해야 한다. 금식하고 기도하는 일 외에는 서로 분방하지 말아야 한다.

넷째로, 결혼의 기본 원칙 하나는 "주 안에서만 결혼해야 한다"는 것이다. 이스라엘 백성이 이방인과 결혼하지 말아야 하듯이, 신자는 불신자와 결혼하지 말아야 한다. 이것은 처음 결혼이나 재혼에 다 적용된다.

---

10) Byz vg$^{cl}$ syr 등이 그러함.

# 8장: 우상 제물에 대하여

**〔1-3절〕 우상의 제물에 대하여는 우리가 다 지식이 있는 줄을 아나 지식은 교만하게 하며 사랑은 덕을 세우나니 만일 누구든지 무엇을 아는 줄로 생각하면 아직도 마땅히 알 것을 알지 못하는 것이요 또 누구든지 하나님을 사랑하면 이 사람은 하나님의 아시는 바 되었느니라.**

우상 제물에 대하여는 초대교회 안에 이미 충분한 지식이 있었던 것 같다. 신앙생활에 지식은 꼭 필요하지만, 지식만으로 충분치 않다. 지식은 사람을 교만케 하고 사랑은 덕을 세운다. 하나님을 사랑하는 자는 덕을 세울 것이다. 그러므로 지식이 있다고 생각하면서 하나님을 사랑함이 없다면 아직도 마땅히 알 것을 알지 못한 자이다. 우리는 하나님께 그에 대한 지식과 사랑을 함께 구해야 한다. 우리는 하나님을 사랑할 때 하나님의 아시는 자로 그에게 인정을 받을 것이다.

**〔4-6절〕 그러므로 우상의 제물 먹는 일에 대하여는 우리가 우상은 세상에 아무것도 아니며 또한 하나님은**[께서는] **한 분밖에 없는 줄 아노라. 비록 하늘에나 땅에나 신이라 칭하는 자가 있어** [마치] **많은 신과 많은 주가 있으나**[있는 것 같으나](원문, KJV) **그러나 우리에게는 한 하나님 곧 아버지가**[께서] **계시니 만물이 그에게서 났고 우리도 그를 위하며 또한 한 주 예수 그리스도께서** 계시니 **만물이 그로 말미암고 우리도 그로 말미암았느니라.**

우상은 아무것도 아니다. 그것은 어떤 신적 존재나 초인간적 존재가 아니다. 그것이 우상에 대한 바른 지식이다. 세상에는 오직 여호와 하나님 외에 다른 신이 없다. 시편 96:5, "만방의 모든 신은 헛것이요 여호와께서는 하늘을 지으셨음이로다." 시편 115:4-5, "저희 우상은 은과 금이요 사람의 수공물이라. 입이 있어도 말하지 못하며 눈이 있어도 보지 못하며." 옛날부터 사람들은 참 하나님이 아닌 많은 거짓 신들을 상상해내었다. 사람들은 하늘의 해와 달과 별들을 신격화하였고 또 땅의 나무들이나 돌이나 짐승들을 신격화하였다. 종교들의 역사와 현상만 본다면 세상에 많은 신들이 존재하는 것 같다. 그러나 세상에는 오직 한 분 하나님만 계신다.

그는 우주의 창조자이시며 아버지이시다. 천지만물은 그가 만드셨다. 이 세상의 물질 세계나 영들의 세계는 다 그 창조자 하나님께서 만드셨고 사람들도 그가 만드셨다. 천지만물을 만드신 창조자 하나님 외에는 이 세상에 참 신이 없다. 예레미야 10:10-11, "오직 여호와는[여호와께서는] 참 하나님이시요 사시는 하나님이시요 영원한 왕이시라," "너희는 이같이 그들에게 이르기를 천지를 짓지 아니한 신들은 땅 위에서, 이 하늘 아래서 망하리라 하라."

또 한 주 예수 그리스도께서 계시며 만물이 그로 말미암았고 우리도 그로 말미암았다. 요한복음 1:3, "만물이 그로 말미암아 지은 바 되었으니 지은 것이 하나도 그가 없이는 된 것이 없느니라." 골로새서 1:16, "만물이 그에게[그에 의해] 창조되되 하늘과 땅에서 보이는 것들과 보이지 않는 것들과 혹은 보좌들이나 주관들이나 정사들이나 권세들이나 만물이 다 그로 말미암고 그를 위하여 창조되었고."

특히 신약성경에서 예수님을 주라고 부르는 것은 하나님이라는 뜻이다. '주'라는 명칭은 하나님이라는 뜻을 가진다. 그러므로 구약성경의 '여호와'라는 하나님의 명칭은 고대의 헬라어 번역에서 '주'라고 번역되었다. 예수께서는 영원하신 하나님(요 1:1), 우리의 크신 하나님(딛 2:13), 참 하나님(요일 5:20)이시기 때문에 주라고 불리신다.

**〔7-8절〕 그러나 이 지식은 사람마다 가지지 못하여 어떤 이들은 지금까지 우상에 대한 습관이 있어**[우상의 생각을 가지고](전통본문)[11] **우상의 제물로 알고 먹는 고로 그들의 양심이 약하여지고 더러워지느니라**[그들의 약한 양심이 더러워지느니라. 그러나] **식물은 우리를 하나님 앞에 세우지 못하나니 우리가 먹지 아니하여도 부족함이 없고 먹어도 풍성함이 없으리라.**

11) Byz it[d] vg syr[p] arm 등이 그러함.

우상숭배는 우상을 초인간적, 신적 존재로 생각하는 것이다. 그것은 사람으로 참 경건에서 떠나게 하는 사상이며 마귀가 주는 헛되고 거짓된 사상이다. 사람은 우상의 제물을 우상의 제물로 알고 먹을 때 우상숭배하는 죄를 범하게 된다. 그것은 사람의 양심을 더럽게 만든다. 그러나 사실상 음식과 신앙생활은 별개의 문제이다. 음식을 먹어서 믿음이 자라고 견고해지는 것은 없다. 음식은 먹지 않아도 부족함이 없고 먹어도 풍성함이 없다. 우상의 제물이 그러하다.

**〔9-11절〕 그런즉 너희 자유함**(엑수시아 ἐξουσία)[자유, 권리]**이 약한 자들에게 거치는 것이 되지 않도록 조심하라. 지식 있는 네가 우상의 집에 앉아 먹는 것을 누구든지 보면 그 약한 자들의 양심이 담력을 얻어 어찌 우상의 제물을 먹게 되지 않겠느냐? 그러면 네 지식으로 그 약한 자가 멸망하나니 그는 그리스도께서 위하여 죽으신 형제라.**

본문은 우상이 아무것도 아니라는 지식을 가지고 우상의 제물을 먹을 자유가 성도에게 있을지라도, 그 행위가 약한 자들로 범죄하게 하는 일이 되게 해서는 안 된다는 뜻이다. 당시 고린도교회 안에는 아직도 우상에 대한 바른 생각을 가지지 못하고 우상제물이 복을 가져올 것처럼 생각하는 연약한 성도들이 있었던 것 같다. 그들은 지식 있는 자가 우상의 집에서 먹는 것을 보고 양심이 잘못된 담력을 얻어 우상의 제물을 우상의 제물로 생각하며 먹음으로 범죄할 수 있었다. 그러면 그 지식 있는 자의 행위는 그 연약한 자로 범죄케 하는 것이 될 것이다. 지식을 가진 자의 행위가 약한 형제로 범죄케 하여 그를 멸망케 한다면, 그것은 결코 선한 행동이 아니다. 예수 그리스도께서 위하여 죽으신 형제를 멸망케 하는 일이 될 것이기 때문이다. 예수 그리스도께서 그를 위해 죽으셨다면 우리도 그를 위하는 자가 되어야지 그를 멸망케 하는 자가 되어서는 안 될 것이다.

**〔12-13절〕 이같이 너희가 형제에게 죄를 지어 그 약한 양심을 상하게 하는 것이 곧 그리스도에게 죄를 짓는 것이니라. 그러므로 만일 식물이 내**

**형제로 실족케 하면 나는 영원히 고기를 먹지 아니하여 내 형제를 실족치 않게 하리라.**

예수님의 속죄의 피로 구원 얻은 형제는 그의 몸된 교회의 지체이므로 그에게 잘못을 행하는 것은 그리스도께 잘못을 행하는 것이다. 주께서 고난 당하시고 피흘려 사신 형제를 나도 사랑하고 그를 실족하지 않게 하기 위하여 힘쓰겠다는 마음은 바르고 선한 결심이다.

본장의 교훈을 정리해보자. 첫째로, 세상의 우상은 아무것도 아니며 하나님께서는 오직 한 분뿐이시다. 시편 96:5, "만방의 모든 신은 헛것이요 여호와께서는 하늘을 지으셨음이로다." 시편 115:4-5, "저희 우상은 은과 금이요 사람의 수공물이라. 입이 있어도 말하지 못하며 눈이 있어도 보지 못하며." 이방 종교들의 신들은 다 허무한 존재들이다. 그것들은 참 신이 아니다. 이방 종교들에는 하나님에 대한 참된 지식이나 참된 경건이 없다. 천지를 창조하신 여호와만 참 하나님이시다.

둘째로, 비록 우상이 아무것도 아니지만, 사람이 우상의 생각을 가지고 우상 제물을 우상 제물로 알고 먹으면 먹는 사람의 양심이 더러워진다. 우상의 생각을 가지고 우상 제물을 먹는다는 것은 우상을 신적인 존재로 인정하고 우상 제물이 자기에게 복이 된다고 생각하며 먹는 것을 말한다. 그러므로 그것은 우상숭배가 되는 것이다. 이와 같이 우상의 생각을 가지고 우상 제물을 먹는 자는 우상숭배의 죄를 짓는 것이다.

셋째로, 우리는 우상과 우상 제물이 아무것도 아니라는 우리의 지식과 우리의 자유함과 권리가 믿음 약한 자들에게 거치는 것이 되지 않도록 조심해야 한다. 약한 형제를 범죄하게 하는 것은 그를 위해 죽으신 그리스도께 죄를 짓는 일이 된다. 이것은 술과 담배의 문제에도 적용되고 자유주의자들을 포용하는 교단에 머무는 태도에도 적용된다. 우리는 연약한 성도가 술과 담배에 인박히지 않도록 금주와 금연을 실천해야 하며, 또 성경과 역사적 기독교를 믿는 목사들은 자유주의 교단들을 비평하고 교제를 끊음으로써 성도들에게 바른 것을 증거해야 한다.

# 9장: 스스로 자유를 제한함

**〔1-5절〕 내가 자유자가 아니냐? 사도가 아니냐? 예수**[님] **우리 주**[님]**를 보지 못하였느냐? 주 안에서 행한 나의 일이 너희가 아니냐? 다른 사람들에게는 내가 사도가 아닐지라도 너희에게는 사도니 나의 사도 됨을 주 안에서 인친 것이 너희라. 나를 힐문**[심사]**하는 자들에게 발명(發明)**[대답, 변호] **할 것이 이것이니 우리가 먹고 마시는 권이 없겠느냐? 우리가 다른 사도들과 주의 형제들과 게바와 같이 자매된 아내를 데리고 다닐 권이 없겠느냐?**

바울은 종의 신분이 아니고 자유자이었다. 그것은 육신적인 의미에서 뿐 아니라, 영적인 의미에서도 그러했다. 그는 자유자일 뿐 아니라 또한 사도이었다. 그는 부활하신 주님을 친히 보았다. 바울은 사도로서 고린도교회를 세웠다. 주께서 그를 사도로 세워 복음 전파자로 사용하신 한 구체적 증거가 바로 고린도교회이었다. 그는 그의 사역을 트집잡는 자들에게 대답한다. 그는 먹고 마시는 자유를 다른 이들의 유익을 위해 스스로 제한했고, 다른 사도들과 주의 형제들과 게바는 결혼하고 자매된 아내를 데리고 다녔지만, 그는 하나님의 은혜로 스스로 독신의 길을 택했다. 그것은 좀더 복음 사역에 자유롭게 전심전력하기 위해서이었다. 하나님의 영광을 위해 스스로 자신의 자유를 제한한 것이다. 신자에게 죄 아닌 모든 것이 가능하지만, 하나님의 영광을 위해 우리는 무엇이든지 포기하거나 제한할 수 있다.

**〔6-10절〕 어찌 나와 바나바만 일하지 아니할 권이 없겠느냐? 누가 자비량(自費糧)하고**[자기 비용을 쓰며] **병정을**[군인으로] **다니겠느냐? 누가 포도를 심고 그 실과를 먹지 않겠느냐? 누가 양떼를 기르고 그 양떼의 젖을 먹지 않겠느냐? 내가 사람의 예대로 이것을 말하느냐? 율법도 이것을 말하지 아니하느냐? 모세 율법에 곡식을 밟아 떠는 소에게 망을 씌우지 말라 기록하였으니 하나님께서 어찌 소들을 위하여 염려하심이냐? 전혀 우리를 위하여 말씀하심이 아니냐? 과연 우리를 위하여 기록된 것이니 밭 가는 자는 소망을 가지고 갈며 곡식 떠는 자는 함께 얻을 소망을 가지고 떠는 것이라.**

주의 일꾼으로 부름을 받아 복음 사역에 전념하는 자가 의식주의 필요를 공급받는 것은 하나님의 뜻이다. 세상에 자비(自費)로 군인이 되는 자가 없고 포도원을 만들고 그 열매를 먹지 않고 양떼를 기르고 그 젖을 마시지 않는 자가 없다. 일꾼이 먹을것 얻는 것은 당연하다. 그러나 바울은 그 권리를 다 쓰지 않았고 친히 천막 만드는 일을 하며 필요한 돈을 벌었다(행 18:1-3). 그는 신명기를 인용하면서, 소에게 일을 시킬 때 먹이면서 시키듯이, 교회가 일꾼들에게 먹을것을 주는 것은 합당하다고 말한다. 교회가 전임(專任)사역자들에게 거처할 곳과 생활비를 제공하는 것은 성경적으로 합당하다고 본다.

**〔11-12절〕 우리가 너희에게 신령한 것을 뿌렸은즉 너희 육신의 것을 거두기로 과하다 하겠느냐? 다른 이들도 너희에게 이런 권을 가졌거든 하물며 우리일까보냐? 그러나 우리가 이 권을 쓰지 아니하고 범사에 참는 것은 그리스도의 복음에 아무 장애가 없게 하려 함이로라.**

'신령한 것'은 복음 진리, 곧 하나님의 말씀을 가리켰고, '육신의 것'은 의식주에 관한 것을 가리킨다. 신령한 것은 영원하지만, 육신의 것은 세상에서만 유용하다. 그러므로 하나님의 진리는 물질에 비교될 수 없다. 돈을 가지고 영원한 진리를 살 수 없다. 그러므로 하나님의 진리의 가치를 안다면 그 진리를 연구하고 전하는 하나님의 종들에게 의식주의 필요를 공급하는 일은 아까운 일이 아닐 것이다.

이와 같이, 바울은 결혼할 자유가 있고 의식주의 필요를 공급받을 권리가 있지만, 그 자유와 권리를 쓰지 않았다. 왜냐하면 그리스도의 복음에 아무 장애가 없게 하기를 원했기 때문이다. 그리스도의 복음은 보화이다. 인생의 참 기쁨, 참 행복, 참 평안, 참 생명이 그 안에 있다. 이 복음은 물질적인 것과 육신적인 것보다 가치 있다. 그러므로 바울은 그 복음이 장애를 받지 않게 하기 위해 현세적인 것을 양보하고 그것을 사용할 자유와 권리를 스스로 제한한 것이다.

**〔13-15절〕 성전의 일을 하는 이들은 성전에서 나는 것을 먹으며 제단을**

**모시는 이들은 제단과 함께 나누는 것을 너희가 알지 못하느냐? 이와 같이 주께서도 복음 전하는 자들이 복음으로 말미암아 살리라 명하셨느니라. 그러나 내가 이것을 하나도 쓰지 아니하였고 또 이 말을 쓰는 것은 내게 이같이 하여 달라는 것이 아니라 내가 차라리 죽을지언정 . . . 누구든지 내 자랑하는 것을 헛된 데로 돌리지 못하게 하리라.**

구약시대에 제사장들은 제물의 한 부분을 하나님께 드리고 남은 부분은 먹도록 되어 있었다(레 2:3; 7:14, 31, 32). 이와 같이 예수께서는 열두 제자들을 전도하러 내보내실 때 "일꾼이 저 먹을 것 받는 것이 마땅하다"고 말씀하셨다(마 10:9-10). 주의 일꾼들이 그 사역하는 곳에서 의식주의 필요를 공급받는 것은 마땅하다. 그러나 바울은 이런 권리들을 쓰지 않았다. 그는 의식주의 문제를 스스로 해결하려 했고 하나님의 은혜로 독신으로 살았다. 그것은 복음에 지장이 없도록 하기 위한 것이었다. 그것은 참으로 귀한 일이었다.

**〔16-17절〕 내가 복음을 전할지라도 자랑할 것이 없음은 내가 부득불 할 일임이라. 만일 복음을 전하지 아니하면 내게 화가 있을 것임이로라. 내가 내 임의로**[자원해서] **이것을 행하면 상을 얻으려니와 임의로**[자원함으로] **아니한다 할지라도 나는 직분**(오이코노미아 οἰκονομία)[임무]**을 맡았노라.**

복음은 영혼 구원의 소식이다. 모든 사람은 죄인이며, 죄의 결과는 죽음이다. 그런데 하나님의 아들 예수 그리스도께서 죄인의 구주로 세상에 오셨다. 이제 죄인들은 자기의 죄를 회개하고 예수 그리스도를 믿음으로 죄사함과 영생의 구원을 얻는다. 이것이 복음이다. 복음은 사람에게 가장 귀한 소식이며 전도는 세상에서 가장 귀한 일이다. 그러나 바울이 이 일을 자랑하지 않는 것은 부득불 할 일, 즉 반드시 해야 할 일이기 때문이다. 전도는 주께서 그에게 맡기시고 명하신 일이었다. 그것은 그가 해야만 할 의무이었다. 그러므로 그는 만일 자신이 복음을 전하지 않으면 자신에게 화가 있을 것이라고 느꼈다.

모든 성도가 다 전임전도자가 되어야 할 의무가 있는 것은 아니다.

그러나 일반 신자 중 누가 육신의 즐거움을 포기하고 자원해서 자신을 하나님께 드려 전임전도자가 된다면, 그것은 상을 얻을 일이다. 그러나 바울은 사도라는 특별한 직분과 임무를 받았다. 그러므로 그는 복음 전도의 직분과 의무에 충실해야 했다. 오늘도 주께로부터 교회의 직분들을 받은 자들은 그 직무들에 충실해야 한다.

**〔18절〕 그런즉 내 상이 무엇이냐? 내가 복음을 전할 때에 값없이 전하고 복음으로 인하여 내게 있는 권을 다 쓰지 아니하는 이것이로라.**

바울이 이방인들에게 복음을 전한 것은 마땅한 의무이므로 거기에서 상을 기대할 것은 없다. 단지, 그의 상은 그가 복음을 전할 때 값없이 전했고 그의 권리를 다 쓰지 않은 데서 기대할 수 있을 것이다. 우리가 의무를 행하는 것은 당연한 일이므로 상을 기대할 것이 없지만, 의무 이상을 행했을 때 우리는 상을 기대할 수 있을 것이다.

**〔19-21절〕 내가 모든 사람에게 자유하였으나 스스로 모든 사람에게 종이 된 것은 더 많은 사람을 얻고자 함이라. 유대인들에게는 내가 유대인과 같이 된 것은 유대인들을 얻고자 함이요 율법 아래 있는 자들에게는 (내가 율법 아래 있지 아니하나)**(전통본문에는 없음)[12] **율법 아래 있는 자같이 된 것은 율법 아래 있는 자들을 얻고자 함이요 율법 없는 자에게는 내가 하나님께는 율법 없는 자가 아니요 도리어 그리스도의 율법 아래 있는 자나 율법 없는 자와 같이 된 것은 율법 없는 자들을 얻고자 함이라.**

바울은 자유인이지만 주의 교훈대로(마 20:26-27; 23:11-12) 모든 사람에게 종처럼 처신했다. 그것은 '더 많은 사람을 얻고자 함'이었다. 그는 한 영혼이라도 더 구원하기 위해 자신의 자유와 권리를 포기한 것이다. 그는 유대인들에게는 유대인으로서 처신하였고 율법 아래 있는 자들에게는 마치 자신도 율법 아래 있어서 율법의 의무를 지켜야 하는 자인 것처럼 처신했다. 그는 루스드라에서 디모데를 데리고 떠나고자 할 때 그 지경에 있는 유대인들 때문에 그를 데려다가 할례

---

12) Byz syr$^{D}$ Origen$^{1/2}$ 등이 그러함.

를 행했는데, 그 까닭은 사람들이 그의 부친이 헬라인인 줄 알았기 때문이다(행 16:3). 그러나 그는 율법 없는 자들 곧 이방인들에게는 비록 그가 하나님 앞에서 율법 없는 자가 아니요 그리스도의 율법 아래 있는 자이지만 율법 없는 자같이 처신했다. 그 까닭은 그가 율법 없는 자들 곧 이방인들을 구원하고자 함이었다.

〔22-23절〕 **약한 자들에게는 내가 약한 자와 같이 된 것은 약한 자들을 얻고자 함이요 여러 사람에게 내가 여러 모양이 된 것은 아무쪼록 몇몇 사람들을 구원코자 함이니 내가 복음을 위하여 모든 것을 행함은 복음에 참예**[참여]**하고자 함이라.**

사도 바울은 약한 자들을 대할 때 자신도 약한 자인 것처럼 처신하여 그들을 구원하려 했다. 그는 실로 여러 사람에게 여러 모양이 되었다. 물론, 이것은 진리와 의 안에서의 처신이어야 하며 비진리와 악을 포용하는 처신이어서는 안 된다. 영혼을 구원하기 위해 악을 포용한다는 것은 있을 수 없는 일이기 때문이다. 그는 진리와 의 안에서, 즉 죄 되는 일이 아닌 한, 영혼 구원을 위해 자신을 비웠고 그가 처한 환경에 자신을 적응시키려 하였던 것이다.

사도 바울의 행동 원리는 '복음을 위하여 모든 것을 행함'이었다. 이로써 그는 복음에 참여하기를 원하였다. 복음의 일은 영혼 구원의 일이다. 복음에 참여하는 것은 영혼 구원의 일에 참여하는 것이다. 이 일이 가장 중요하고 가장 귀하기 때문에 그는 이 일을 위해 자신을 제한하고 조정하고 심지어 포기했다. 오늘날에도 하나님의 은혜로 사도 바울같이 복음을 위해 자신을 제한하고 조정하고 포기하는 일이 필요하다. 우리도 하나님의 뜻인 복음의 일, 곧 영혼 구원의 일과 참된 교회의 건립을 위해 우리 자신을 기꺼이 드려야 할 것이다.

〔24절〕 **운동장에서 달음질하는**[달리는] **자들이 다 달아날지라도**[달릴지라도] **오직 상 얻는 자는 하나인 줄을 너희가 알지 못하느냐? 너희도 얻도록 이와 같이 달음질하라**[달리라].

달리기 경주에서 많은 사람들이 출발 지점에서 출발 신호를 받고 달리기 시작하지만, 1등의 상은 한 명에게만 돌아간다. 그 상을 얻기 위해 많은 사람들이 달리는 것이다. 신앙생활도 마치 달리기 경주와 같다. 우리는 상을 얻기 위해 달리는 경주자들처럼 상급을 기대하며 힘써 달려야 한다. 성도는 경주자처럼 열심히 신앙생활을 해야 한다.

**〔25절〕 이기기를 다투는 자마다 모든 일에 절제하나니 저희는 썩을 면류관을 얻고자 하되 우리는 썩지 아니할 것을 얻고자 하노라.**

좋은 학교에 입학하는 학생들이나 금메달을 목에 거는 운동 선수들은 시간을 아끼고 육신적 즐거움을 절제하였을 것이다. 영적 생활도 비슷하다. 영적 생활은 더 고상한 목표를 가지고 있다. 이 세상의 경쟁은 썩어질 면류관을 얻는 경쟁이나, 영적 경쟁은 썩지 않을 면류관을 얻는 경쟁이다. 우리의 믿음의 결국은 영혼의 구원(벧전 1:9) 곧 영생이며(롬 6:22) 하나님께서 주시는 존귀와 영광이다(롬 2:7). 세상의 모든 것들은 썩는 것이지만, 영생은 영원히 썩지 않을 존귀하고 영광스런 일이다. 그러므로 성도가 신앙생활에서 승리하려면 시간 절제, 돈 절제, 힘 절제, 의식주 절제 등 절제하는 자가 되어야 한다.

**〔26-27절〕 그러므로 내가 달음질하기**[달리기]**를 향방 없는 것같이 아니하고 싸우기를 허공을 치는 것같이 아니하여 내가 내 몸을 쳐 복종하게 함은 내가 남에게 전파한 후에 자기가 도리어 버림이 될까 두려워 함이로라.**

사람은 열심히 살기만 하면 되지 않고 바르게 열심히 살아야 한다. 교회 봉사자는 단지 열심히 일하지 말고 하나님의 뜻에 맞는 목표와 방법을 가지고 일해야 한다. 격투하는 자가 상대를 치지 않고 열심히 허공만 친다면 아무 소용이 없을 것이다. 사도 바울의 목표는 영혼 구원의 일이었다. 그는 그 일을 목표로 삼고 전심전력하였다.

성도는 죄성을 가지고 있기 때문에 몸의 욕구대로 따라가면 실수하고 실패할 수밖에 없다. 전도자라 할지라도 죄 가운데 빠져 산다면 그는 남은 구원해놓고 자신은 버림받는 자가 될 것이다. 물론 이것은 가상적 경고라고 본다. 참으로 중생한 자는 그렇게 될 수 없을 것이다. 그러나 이런 경고는 성경에 종종 나오고 또 필요한 경고이다(롬 8:13). 그러므로 바울은 주께서 주신 영혼 구원의 임무를 위해 자신의 자유와 권리를 포기했고 범사에 절제하였다. 그것은 자기의 몸을 쳐 복종시키는 일이었다. 우리의 몸은 편안하고 즐거운 것을 좋아하는 경향이 있기 때문에 몸이 원하는 대로 살면 실패자가 되기 쉽다. 우리는 하나님의 뜻을 위해 절제하고 자기 몸을 쳐 복종시켜야 한다.

본장의 교훈을 정리해보자. 첫째로, 신앙의 경주를 잘하는 사람은 상을 얻을 것이다. 달리기 경주자가 잘 달릴 때 상을 얻는 것과 같이, 신앙의 경주도 잘할 때 상을 얻을 것이다. 그것은 영생의 상이라고 표현된다. 갈라디아서 6:8, "자기의 육체를 위하여 심는 자는 육체로부터 썩어진[썩는] 것을 거두고 성령을 위하여 심는 자는 성령으로부터 영생을 거두리라." 빌립보서 3:14, "[나는] 푯대를 향하여 그리스도 예수 안에서 하나님이[께서] 위에서 부르신 부름의 상을 위하여 좇아가노라."

둘째로, 이기는 자가 상을 얻을 것이다. 신앙생활에 있어서 이기는 것은 계명에 순종하여 의와 선을 행하는 것이요, 지는 것은 범죄하는 것이다. 주께서는 아시아의 일곱 교회의 사자들에게 이기는 자가 될 것을 교훈하셨다(계 2-3장). 하나님께서 택하시고 주 예수께서 구속(救贖)하시고 성령께서 중생시키신 자들은 다 이길 것이다(요일 5:3-4).

셋째로, 신앙의 경주를 잘하고 이기려면 모든 일에 있어서 절제해야 한다. 25절, "이기기를 다투는 자마다 모든 일에 절제하나니." 사람들은 썩을 면류관을 위해 절제하며 노력한다. 그러나 우리는 썩지 않을 면류관을 위해 그렇게 해야 한다. 주께서는 "아무든지 나를 따라 오려거든 자기를 부인하고 날마다 제 십자가를 지고 나를 좇을 것이니라"고 교훈하셨다(눅 9:23). 자기를 부인하는 자는 절제할 수 있다. 절제는 성령의 열매다(갈 5:23). 구원 얻은 성도는 범사에 절제하는 삶을 살아야 한다.

# 10장: 우상숭배치 말 것

**[1-4절] 형제들아, 너희가 알지 못하기를 내가 원치 아니하노니 우리 조상들이 다 구름 아래 있고 바다 가운데로 지나며 모세에게 속하여 다 구름과 바다에서 세례를 받고 다 같은 신령한 식물을 먹으며 다 같은 신령한 음료를 마셨으니 이는 저희를 따르는 신령한 반석으로부터 마셨으매 그 반석은 곧 그리스도시라.**

이스라엘 백성의 역사는 모든 인류와 신약 성도들에게 교훈이 된다. 사도 바울은 이스라엘 백성이 애굽에서 나와서 홍해를 통과했던 때의 일을 말한다. 그들은 그때 다 구름 즉 구름기둥 아래 있었고 또 바다 즉 홍해 가운데로 지났다(출 13:21-22; 14:19-24). 그들은 모세와 함께 하나님의 은혜로 구름 아래서와 죽음의 바다에서 죄씻음의 세례를 받은 것과 같았다. 또 그들은 광야에서 40년 동안 하나님께서 내려주신 만나를 먹었고(출 16:13-15; 시 78:25; 105:40) 또 반석에서 나오는 물을 마셨다(출 17:5-6). 사도 바울은 그 반석이 예수 그리스도를 상징하였다고 말한다. 예수 그리스도께서는 자신이 우리에게 참 양식, 곧 생명의 양식이요 참 음료, 곧 영원히 목마르지 않는 물이라고 말씀하셨다(요 6:48, 51, 55; 7:37-39).

**[5-6절] 그러나 저희의 다수를 하나님이**[하나님께서] **기뻐하지 아니하신 고로 저희가 광야에서 멸망을 받았느니라. 그런 일은 우리의 거울**(튀포이 τύποι)[본보기들]**이 되어 우리로 하여금 저희가 악을 즐겨한 것같이 즐겨하는 자가 되지 않게 하려 함이니.**

하나님께서는 그들의 다수를 기뻐하지 않으셨다. 왜냐하면 그들이 하나님께 범죄하였기 때문이다. 그래서 애굽에서 나온 20세 이상의 남자들 약 60만명 중 여호수아와 갈렙 외에는 다 광야에서 죽었다. 이스라엘 백성의 이런 실패의 역사는 우리의 본보기가 된다. 하나님께서 우리에게 그 본보기들을 성경에 기록하여 주신 것은 우리로 하여금 그들처럼 악을 즐겨하는 자가 되지 않게 하시기 위함이다. 하나님의 뜻은 우리가 죄로부터 구원을 얻는 것이며 다시는 죄 중에 살지 않고 경건하고 의롭고 선하고 진실하게 사는 것이다.

**〔7-8절〕 저희 중에 어떤 이들과 같이 너희는 우상숭배하는 자가 되지 말라. 기록된 바 백성이 앉아서 먹고 마시며 일어나서 뛰논다 함과 같으니라. 저희 중에 어떤 이들이 간음하다가 하루에 23,000명이 죽었나니 우리는 저희와 같이 간음하지 말자.**

이스라엘 백성의 실패의 역사에서 가장 큰 죄는 우상숭배이었다. 사람이 하나님을 알지 못하고 하나님을 바로 섬기지 못하며 하나님 대신 하나님 아닌 것, 곧 우상들을 섬기는 것이 가장 큰 죄이다. 그러므로 하나님을 아는 것이 참 지혜와 참 지식의 시작이다(잠 1:7). 우리는 하나님 외에 아무것도 섬기지 말아야 한다. 돈도 육신적 쾌락도 이 세상의 그 어떤 것도 우리에게 최고의 가치가 될 수 없다. 우리를 향하신 하나님의 뜻은 우리가 오직 창조주와 섭리자이신 하나님을 알고 그를 믿고 사랑하고 섬기며 그의 모든 명령을 순종하는 것이다.

그 다음으로, 인간 관계의 죄들 중 첫째로 중요한 죄는 간음이다. 하나님께서는 부부 관계를 벗어난 음란 행위들을 매우 미워하신다. 이스라엘 백성은 음행하다가 하루에 23,000명이 큰 재앙으로 죽었다. 민수기 25:9의 "그 염병으로 죽은 자가 24,000명이었더라"는 말씀은 나무에 처형한 백성의 두령들의 수를 포함한 것일 것이다. 하나님께서는 우리의 가정과 부부 관계의 순결을 중시하신다. 우리 각 사람은 가정과 부부 관계의 순결과 사랑을 잘 지켜야 한다.

**〔9-10절〕 저희 중에 어떤 이들이 주**[그리스도](전통본문)[13]**를 시험하다가 뱀에게 멸망하였나니 우리는 저희와 같이 시험하지 말자. 저희 중에 어떤 이들이 원망**[불평]**하다가 멸망시키는 자에게 멸망하였나니 너희는 저희와 같이 원망**[불평]**하지 말라.**

---

13) Byz p[46] it[d] vg syr[p] cop Irenaeus[lat] 등이 그러함.

이스라엘 백성 중에 어떤 이들은 어려운 일이 있을 때에 하나님께서 그들과 함께하심을 의심했고 하나님 앞에서 불평하였다가 뱀에게 물려 죽었다. 하나님의 백성에게 가장 필요한 것은 하나님의 존재를 믿고 그가 자기 백성을 버리시지 않고 늘 함께하시며 도우시리라는 것을 믿는 것이다. 이런 믿음이 있을 때 그는 범사에 하나님께 감사할 수 있다. 이런 믿음이 있는 자는 병에 걸렸을 때나 물질적 어려움을 당했을 때에도 하나님께 불평하지 않고 자신의 현실이 하나님께서 주신 것임을 알고 지혜로우시고 의로우시고 선하신 하나님께 감사할 수 있다. 그러나 이스라엘 백성은 그러지 못하였다.

**〔11절〕 저희에게 당한 이런 일이 거울**[본보기들]**이 되고 또한 말세를 만난 우리의 경계**[교훈](NASB)**로 기록하였느니라.**

'말세를 만난 우리'라는 말은 신약시대가 말세임을 증거한다. 성경은 지구의 역사가 대략 6천년임을 증거한다. 성경은 정확한 역사책이다. 아담은 창조된 후 거의 천년 가량 살았고 그가 죽은 지 얼마 후 노아가 태어났다. 아담의 창조 후 2천년경에 아브라함이, 3천년경에 다윗이, 4천년경에 예수께서 오셨다. 하나님께서는 역사의 마지막 때에 자기 아들을 보내주셨다. 주께서 승천하신 후 2천년이 지나고 있으니 확실히 지금은 말세지말(末世之末) 즉 말세의 마지막이다. 이스라엘 백성의 실패는 우리에게 본보기가 되고 또 말세를 당한 우리에게 교훈이 된다. 우리는 그들의 실패를 본보기 삼아 하나님께서 미워하시는 죄에 빠져 실패자가 되지 않도록 힘써야 한다.

**〔12-13절〕 그런즉 선 줄로 생각하는 자는 넘어질까 조심하라. 사람이 감당할 시험밖에는 너희에게 당한 것이 없나니 오직 하나님은**[하나님께서는] **미쁘사 너희가 감당치 못할 시험 당함을 허락지 아니하시고 시험 당할 즈음에 또한 피할 길을 내사 너희로 능히 감당하게 하시느니라.**

'섰다'는 말은 믿음과 순종의 생활을 한다는 뜻이고 '넘어진다'는 말은 불신앙과 불순종의 삶 즉 범죄하는 삶을 가리킨다. 사람은 누구나 부족하기 때문에 자신이 믿음에 섰고 순종하며 산다고 자신감을 가져서는 안 된다. 늘 조심하지 않으면 넘어지기 쉽다. 그러나 우리는 하나님께서 사람이 감당할 시험만 우리에게 허락하시고 또 시험 당할 즈음에 피할 길을 주신다는 사실을 알아야 한다. 그래서 우리는 시험을 당할 때 두려워하거나 낙심하거나 하나님을 의심하는 불신앙에 떨어지지 말고 오직 믿음으로 행하고 항상 하나님의 말씀을 묵상하고 기도하기를 힘쓰면서 의와 선을 행하는 자가 되어야 한다.

**〔14절〕 그런즉 내 사랑하는 자들아, 우상숭배하는 일을 피하라.**

우리는 우상숭배를 피해야 한다. 우상숭배는 유일하신 하나님 외에 다른 신을 인정하는 행위이다. 그것은 하나님께서 주신 십계명의 제1, 2계명을 범하는 큰 죄이다. 오늘날 돈이나 자기 자신이나 육신의 쾌락을 가장 가치 있는 것으로 생각하는 것도 일종의 우상숭배이다. 사도 바울은 탐심을 우상숭배라고 말하였다(골 3:5).

**〔15-18절〕 나는 지혜 있는 자들에게 말함과 같이 하노니 너희는 내 이르는 말을 스스로 판단하라. 우리가 축복하는 바 축복의 잔은 그리스도의 피에 참여함이 아니며 우리가 떼는 떡은 그리스도의 몸에 참여함이 아니냐? 떡이 하나요 많은 우리가 한 몸이니 이는 우리가 다 한 떡에 참여함이라. 육신을 따라** 난 **이스라엘을 보라. 제물을 먹는 자들이 제단에 참여하는 자들이 아니냐?**

성찬의 떡과 포도즙은 십자가에서 찢기신 그리스도의 몸과 흘리신 피를 상징한다. 성도가 성찬에 참여하는 것은 그리스도의 몸과 피에 참여하는 것이며 그의 십자가 사역으로 이루신 속죄의 은혜를 받아 누리는 것을 의미한다. 성찬의 떡은 그리스도의 몸을 나타내며 그 떡을 떼어 모든 사람에게 나누는 것은 우리가 다 한 분 예수 그리스도와 영적으로, 정신적으로 신비한 한 몸이 되었음을 나타낸다.

**〔19-20절〕 그런즉 내가 무엇을 말하느뇨? 우상의 제물은 무엇이며 우상은 무엇이라 하느뇨? 대제**[그러나] **이방인의 제사하는 것은 귀신에게 하**

**는 것이요 하나님께 제사하는 것이 아니니 나는 너희가 귀신과 교제하는 자 되기를 원치 아니하노라.**

바울은 이미 우상은 세상에 아무것도 아니라고 말했다(고전 8:4). '대저'라는 원어(알르 ἀλλ')는 '그러나'라는 뜻이다. 우상은 아무것도 아니지만, 이방인의 제사는 종교적 성격을 띤다. 구정이나 추석 때에 조상들을 위해 드리는 제사나 차례는 단순히 조상을 공경하는 행위가 아니고 종교적 성격을 띤다. 그러나 우상이나 조상신은 신이 아니고 어떤 신적 존재도 아니며 세상에는 하나님 외에 다른 신이 없다. 그러므로 이방인들의 제사는 귀신들에게 하는 악하고 헛된 일이다. 이방인들의 제사하는 것이 귀신에게 하는 것이기 때문에, 성도들은 그들의 신이나 그들의 우상을 인정하고 그 우상숭배에 빠져 귀신과 교제하는 자가 되어서는 안 되는 것이다.

**〔21-22절〕 너희가 주의 잔과 귀신의 잔을 겸하여 마시지 못하고 주의 상과 귀신의 상에 겸하여 참여치 못하리라. 그러면 우리가 주를 노여워하시게 하겠느냐? 우리가 주보다 강한 자냐?**

성도는 이방인들의 제사 행위에 참여해서는 안 된다. 우리는 불신자가 섬기는 신이나 조상신이나 우상을 인정하거나 섬겨서는 안 된다. 그것은 우상숭배이기 때문이다. 우리가 우상숭배에 빠진다면 주 하나님과 예수 그리스도께서는 우리에게 크게 노여워하실 것이다. 그는 우리가 삼위일체 하나님만 섬기며 사랑하기를 원하신다. 하나님과 다투는 사람에게는 화가 있을 것이다.

**〔23-24절〕 모든 것이** [내게][14] **가하나 모든 것이 유익한 것이 아니요 모든 것이** [내게][15] **가하나 모든 것이 덕을 세우는 것이 아니니 누구든지 자기의 유익을 구치 말고 남의 유익을 구하라.**

사도 바울은 8장에서 신약성도들이 우상제물에 대한 지식과 자유

14) Byz $vg^{cl}$ syr 등에 있음.

15) Byz $vg^{cl}$ syr 등에 있음.

함이 있음을 말했다(1, 7, 9, 10, 11절). 그러나 비록 우상제물에 대해 자유함이 있다 할지라도, 모든 것이 유익한 것이 아니고 덕을 세우는 것이 아니다. 우상제물에 대한 바울의 교훈의 방향은 분명하다. 우상제물은 다른 이들의 유익과 덕을 위해 먹지 않는 것이 좋다는 것이다. 성도가 우상제물을 먹어도 되니 먹으라는 교훈이 아니고 먹을 수 있으나 먹지 말라는 교훈인 것이다. 성도가 우상제물을 먹지 말아야 할 이유는 우상제물 자체의 불결함 때문이 아니라 다른 이들의 유익과 덕을 위해서이다. 이것이 사랑이다. 주 예수께서는 우리를 사랑하셔서 자신을 희생하셨다. 우리가 그를 아는 자라면, 우리도 자기의 유익을 위해 살지 말고 다른 이들의 구원과 유익을 위해 살아야 한다.

**〔25-26절〕 무릇 시장에서 파는 것은 양심을 위하여 묻지 말고 먹으라. 이는 땅과 거기 충만한 것이 주의 것임이니라.**

사도 바울은 시장에서 파는 음식은 우상에게 바쳐졌던 것이든지 아니든지 상관치 말고 '양심을 위하여 묻지 말고 먹으라'고 말하였다. 세상의 모든 것은 다 하나님의 것이다. 이 세상에 우상의 것은 아무것도 없다. 우상은 신이나 신적 존재가 아니다. 이 땅과 거기 충만한 것이 다 하나님의 것이다. 그러므로 우리는 하나님의 청지기에 불과함을 알고 하나님의 뜻대로만 살 때 그를 영화롭게 할 것이다.

**〔27-30절〕 불신자 중 누가 너희를 청하매 너희가 가고자 하거든 너희 앞에 무엇이든지 차려 놓은 것은 양심을 위하여 묻지 말고 먹으라. 누가 너희에게 이것이 제물이라 말하거든 알게 한 자와 및 양심을 위하여 먹지 말라.** [이는 땅과 거기 충만한 것이 주의 것임이니라](전통사본). **내가 말한 양심은 너희의 것이 아니요 남의 것이니 어찌하여 내 자유가 남의 양심으로 말미암아 판단을 받으리요? 만일 내가 감사함으로 참여하면 어찌하여 내가 감사하다 하는 것에 대하여 비방을 받으리요?**

불신자가 식사 초청을 할 때 성도는 가서 대접을 받을 수 있다. 그 때 그 앞에 차려진 식탁에 우상제물이 있을지 모르지만, 성도는 함께

참석한 자들의 양심을 위하여 묻지 말고 그냥 먹으면 된다. 그러나 어떤 이가 식탁의 음식물 중 어떤 것을 우상제물이라고 말하면 그는 알게 한 자의 양심을 위하여 그것을 먹지 말아야 한다. 그것은 함께 식사하는 이들 중에 연약한 자의 양심에 거리낌을 주어서는 안 되기 때문이다. 우리가 감사함으로 먹는 일이 비방을 받게 해서는 안 된다.

**〔31-33절〕 그런즉 너희가 먹든지 마시든지 무엇을 하든지 다 하나님의 영광을 위하여 하라. 유대인에게나 헬라인에게나 하나님의 교회에나 거치는**[넘어지게 하는] **자가 되지 말고 나와 같이 모든 일에 모든 사람을 기쁘게 하여 나의 유익을 구치 아니하고 많은 사람의 유익을 구하여 저희로 구원을 얻게 하라.**

우리는 다른 사람을 넘어지게 하는 자가 되지 말고 범사에 하나님의 영광을 위하고 모든 사람의 구원과 유익을 위해 살아야 한다.

본장의 교훈을 정리해보자. 첫째로, 역사는 본보기들이 된다. 이스라엘 백성의 우상숭배와 간음과 불평의 범죄와 하나님의 징벌의 역사는 우리에게 교훈이 된다. 그러므로 누구든지 스스로 섰다고 생각하는 자는 넘어질까 조심해야 한다. 그러나 하나님께서는 자기 백성에게 감당할 시험만 주시고 또 시험 당할 즈음에 피할 길도 주시기 때문에, 우리는 시험을 두려워하지 말고 오직 의롭고 선하게만 살아야 한다.

둘째로, 우리는 특히 우상숭배하지 말아야 한다. 이방인들의 제사는 귀신들에게 하는 것이다. 그러므로 예수님 믿는 사람들은 그런 제사에 참여하여 귀신들과 교제하다가 하나님의 진노를 당하는 자가 되어서는 안 된다. 우리는 오직 삼위일체 하나님만 섬겨야 한다.

셋째로, 우리는 덕을 세우는 자가 되어야 한다. 모든 것이 가능해도 모든 것이 유익한 것이 아니다. 거기에 덕의 중요성이 있다. 덕이란 것은 남의 유익을 위해 말하고 행동하는 것을 말한다. 성도가 영적으로 성숙할 때 우리는 덕을 세우는 자가 되어야 함을 기억해야 한다. 우리는 하나님의 영광을 위하고 남의 구원과 유익을 위해 살아야 한다.

# 11장: 머리 수건과 성찬

**〔1-2절〕 내가 그리스도를 본받는 자된 것같이 너희는 나를 본받는 자 되라. 너희가 모든 일에 나를 기억하고 또 내가 너희에게 전하여 준 대로 그 유전(遺傳)을 너희가 지키므로 너희를 칭찬하노라.**

성화의 과정은 그리스도를 본받는 것이며 그리스도를 본받는 자들은 우리의 신앙생활의 본이 된다. 위선은 구원 운동에 큰 장애물이다. 하나님께 대한 순종은 하나님의 종들이 전한 바른 말씀을 순종하는 것이다. 오늘날 우리가 자기 생각을 따라 성경을 가감하지 않고 성경의 교훈대로 믿고 행한다면 하나님과 사람 앞에 칭찬을 받을 것이다.

**〔3절〕 그러나 나는 너희가 알기를 원하노니 각 남자의 머리는 그리스도요 여자의 머리는 남자요 그리스도의 머리는 하나님이시라.**

사도 바울은 남녀의 지위의 차이에 대하여 말한다. 구원 얻은 각 남자의 머리는 그리스도이시다. '머리'라는 말은 주관자라는 뜻이다. 그러므로 각 남자는 주 예수 그리스도께 복종해야 한다. 남녀의 지위의 차이를 생각하기 전에, 우리는 먼저 남자가 자신의 주관자이신 주 예수 그리스도께 복종해야 한다는 점을 생각해야 한다.

여자의 머리는 남자이다. 이것은 남녀가 본질에 있어서나 영적인 특권에 있어서 차등하다는 뜻이 아니다. 사도 바울은 갈라디아서에서 "너희는 유대인이나 헬라인이나 종이나 자주자나 남자나 여자 없이 다 그리스도 예수 안에서 하나이니라"고 말했다(갈 3:28). 남녀는 본질에 있어서나 영적인 특권에 있어서 동등하다. 그러나 남녀는 그 지위와 역할에 있어서 다르며 여자를 주관할 자가 남자라는 것이다.

그리스도의 머리가 하나님이시라는 것은 그리스도의 인성(人性)에 대한 말씀이다. 예수 그리스도께서는 그의 신성(神性)에 있어서 하나님과 동일한 본질이시며 그 권능과 영광이 동등하시지만, 그의 인성

(人性)에 있어서 사람으로서 사람들의 유일한 중보자시며(딤전 2:5) 하나님께서는 인간 예수님보다 크시다. 그러므로 요한복음 14:28에 기록된 대로, 예수께서는 "아버지는 나보다 크시다"고 말씀하셨다.

**〔4-6절〕 무릇 남자로서 머리에 무엇을 쓰고 기도나 예언을 하는 자는 그 머리를 욕되게 하는 것이요 무릇 여자로서 머리에 쓴 것을 벗고 기도나 예언을 하는 자는 그 머리를 욕되게 하는 것이니 이는 머리 민 것과 다름이 없음이니라. 만일 여자가 머리에 쓰지 않거든 깎을 것이요 만일 깎거나 미는 것이 여자에게 부끄러움이 되거든 쓸지니라.**

기도하는 것은 주로 대표기도에 적용되며 예언하는 것은 하나님께 직접 계시를 받아 말하든지 아니면 성경을 해석하여 하나님의 뜻을 전달하는 것, 즉 오늘날 설교에 해당한다고 보인다. 교회의 집회 시 기도나 설교를 할 때 남자가 머리에 무엇을 쓰는 것은 그 머리를 욕되게 하는 일이다. 고린도교회 안에는 공적인 집회 시 여자들이 기도나 예언을 한 일이 있었던 것 같으나 바울은 본 서신의 뒷부분에서 '여자는 교회에서 잠잠하라'고 교훈하였다(고전 14:34). 물론 여자들이 여성도들만의 모임이나 미성년자들의 모임에서는 기도나 설교를 할 수 있을 것이다. 그러나 바울은 그때에도 여자가 머리에 수건이나 모자를 쓰는 것이 합당하다고 가르친다. 머리에 무엇을 쓰는 것은 그가 그의 머리인 남편의 권세 아래 있음을 표시한다.

**〔7절〕** [이는] **남자는 하나님의 형상과 영광이니 그 머리에 마땅히 쓰지 않거니와 여자는 남자의 영광이니라**[영광임이니라].

남자가 머리에 수건을 쓰지 말아야 할 이유는 그가 하나님의 형상과 영광이므로 그것을 가리우지 말아야 하기 때문이며, 여자가 머리에 수건을 써야 할 이유는 여자가 남자의 영광이기 때문이다. 물론, 남자만 하나님의 형상이고 여자는 하나님의 형상이 아닌 것은 아니다. 하나님께서는 그의 형상대로 사람을 창조하시되 남자와 여자를 창조하셨다(창 1:27). 남녀가 다 하나님의 형상이다. 그러나 하나님께서 남자를 만드신 후 그의 갈비뼈로 여자를 만드셨기 때문에 여자는 남자에게서 나온 하나님의 형상이다. 그러므로 그 둘이 다 하나님의 형상의 영광을 가지지만, 여자는 또한 남자의 영광이기도 한 것이다.

〔8-10절〕 **남자가 여자에게서 난 것이 아니요 여자가 남자에게서 났으며 또 남자가 여자를 위하여**[때문에] **지음을 받지 아니하고 여자가 남자를 위하여**[때문에] **지음을 받은 것이니 이러므로 여자는 천사들을 인하여 권세 아래 있는 표**(엑수시아 ἐξουσία)[권세]**를 그 머리 위에 둘지니라.**

남자와 여자가 그 지위와 역할에서 구별된다는 것은 사람 창조의 사건에서 잘 증거되어 있다. 하나님께서는 먼저 남자를 만드시고 그의 갈비뼈로 여자를 만드셨다. 또 여자는 남자를 돕는 자로 지음을 받았다. 여자의 머리 수건 혹은 모자는 그가 남편의 권세 아래 있다는 것을 나타낸다. '천사들을 인하여'라는 말은 교회의 공적인 집회 시간에 하나님의 천사들이 성도들과 함께 있음을 가리킨 듯하다.

〔11-12절〕 **그러나 주 안에는 남자 없이 여자만 있지 않고 여자 없이 남자만 있지 아니하니라**(전통사본은 순서가 바뀜). **여자가 남자에게서** 난 것**같이 남자도 여자로 말미암아 났으나 모든 것이 하나님에게서 났느니라.**

남녀는 이처럼 지위적, 역할적 차이가 있지만, 영적 특권에 있어서는 동등하며 실상 상호의존적이다. 아담 이후 모든 남자는 여자에게서 출생했다. 그러므로 남자가 여자를 무시하거나 학대해서는 안 된다. 주 안에서 구원 얻은 남녀는 다 왕 같은 제사장들이다(벧전 2:9).

〔13-16절〕 **너희는 스스로 판단하라. 여자가 쓰지 않고 하나님께 기도하는 것이 마땅하냐? 만일 남자가 긴 머리가 있으면 자기에게 욕되는 것을 본성이 너희에게 가르치지 아니하느냐? 만일 여자가 긴 머리가 있으면 자기에게 영광이 되나니 긴 머리는 쓰는 것을 대신하여 주신 연고니라. 변론하려는 태도를 가진 자가 있을지라도 우리에게나 하나님의 모든 교회에는 이런 규례가 없느니라.**

남자는 하나님의 형상과 영광이므로 긴 머리도 합당치 않다. 그러나 여자의 긴 머리는 여자에게 영광이 되며 머리에 쓰는 것을 대신하여 주어진 것이다. 사도 바울은 이것이 하나님의 교회의 인정된 규례이므로 누구든지 이 문제에 대해 변론하지 말아야 한다고 말했다.

**〔17-19절〕 내가 명하는 이 일에 너희를 칭찬하지 아니하나니 이는 저희의 모임이 유익이 못되고 도리어 해로움이라. 첫째는 너희가 교회에 모일 때에 너희 중에 분쟁이 있다 함을 듣고 대강 믿노니 너희 중에 편당**[당파들]**이 있어야 너희 중에 옳다 인정함을 받은 자들이 나타나게 되리라.**

고린도교회의 모임은 유익이 되지 못하였다. 그것은 분쟁과 분열이 있었기 때문이다. 당파들은 교인들의 지식과 믿음과 인격이 부족하므로 생긴다. 그러나 이런 일을 통해 바른 견해가 드러날 것이다.

**〔20-22절〕 그런즉 너희가 함께 모여서 주의 만찬을 먹을 수 없으니 이는 먹을 때에 각각 자기의 만찬을 먼저 갖다 먹으므로 어떤 이는 시장하고 어떤 이는 취함이라. 너희가 먹고 마실 집이 없느냐? 너희가 하나님의 교회를 업신여기고 빈궁한 자들을 부끄럽게 하느냐? 내가 너희에게 무슨 말을 하랴? 너희를 칭찬하랴? 이것으로 칭찬하지 않노라.**

고린도교회에는 거룩한 성찬 모임이 변질되고 있었다. 이것은 그 교회의 큰 흠이었다. 또 이런 일은 하나님의 교회를 업신여기고 빈궁한 자들을 부끄럽게 하는 행위이었다. 그것은 고쳐져야 했다.

**〔23-25절〕 내가 너희에게 전한 것은 주께 받은 것이니 곧 주 예수께서 잡히시던**(파레디데토 παρεδίδετο)[혹은 '배반당하시던'] **밤에 떡을 가지사 축사하시고 떼어 가라사대** [받아 먹으라](전통본문).[16] **이것은 너희를 위하는**[위하여 찢는][17] **내 몸이니 이것을 행하여 나를 기념하라**[나를 기억하면서 이것을 행하라](원문) **하시고 식후에 또한 이와 같이 잔을 가지시고 가라사대 이 잔은 내 피로 세운 새 언약이니 이것을 행하여 마실 때마다 나를 기념하라**[마실 때마다 나를 기억하면서 이것을 행하라] **하셨으니.**

성찬은 주께서 친히 제정하신 규례이다. 성찬의 떡은 십자가 위에 달리신 그리스도의 몸을 상징한다. 그것은 양손과 양발이 못에 찢어

16) Byz $vg^{cl}$ $syr^{p}$ arm 등에 있음.
17) Byz $it^{d}$ $syr^{p}$ (arm) 등에 있음.

지고 머리가 가시면류관으로 찢기고 옆구리가 창에 찔려 상한 몸이셨다. 성찬의 잔은 십자가 위에서 흘리신 그리스도의 피를 상징한다. 주께서는 그 피를 새 언약의 피라고 말씀하셨다. 신약은 하나님께서 예수 그리스도를 통해 모든 믿는 자와 맺으신 언약이다. 이것은 예수 그리스도의 속죄사역에 근거한 것이다. 죄인은 회개하고 예수 그리스도를 믿음으로 구원을 얻는다. 성찬은 새 언약의 표와 확증이다.

〔26절〕 **너희가 이 떡을 먹으며 이 잔을 마실 때마다 주의 죽으심을 오실 때까지 전하는 것이니라.**

복음의 핵심은 예수 그리스도께서 죄인을 위해 죽으셨다는 것이다. 그것은 속죄의 진리를 나타낸다. 속죄란 속죄제물이 죄인들을 대신해 그들의 죄에 대한 하나님의 공의의 형벌을 받는 것을 의미한다. 예수 그리스도의 십자가가 없었다면 우리에게는 속죄도, 죄씻음도, 구원도, 영생도 없었을 것이다. 성찬은 그의 속죄사역을 증거한다.

〔27-29절〕 **그러므로 누구든지 주의 떡이나 잔을 합당치 않게 먹고 마시는 자는 주의 몸과 피를 범하는 죄가 있느니라. 사람이 자기를 살피고 그 후에야 이 떡을 먹고 이 잔을 마실지니 주의 몸을 분변치 못하고** [합당치 않게][18] **먹고 마시는 자는 자기의 죄**(크리마 κρίμα)[정죄, 심판]**를 먹고 마시는 것이니라.**

성찬의 떡과 잔은 주 예수 그리스도의 몸과 피를 상징하기 때문에 거기에는 상징적 일치가 있다. 물론 떡이나 포도즙 안에 그의 몸과 피가 있다거나 그것들이 그의 몸과 피로 변하는 것이 아니지만, 그것들은 예수 그리스도의 몸과 피와 같다. 그러므로 사람이 그것을 합당치 않게 먹고 마시면 주의 몸과 피를 범하는 죄가 된다. 그러므로 우리는 바른 지식을 가지고 자신을 살핀 후 이 의식에 참여해야 한다.

〔30-32절〕 **이러므로 너희 중에 약한 자와 병든 자가 많고 잠자는 자도 적지 아니하니 우리가 우리를 살폈으면 판단을 받지 아니하려니와 우리가**

---

18) Byz it$^{d}$ vg syr$^{p}$ arm 등에 있음.

**판단을 받는 것은 주께 징계를 받는 것이니 이는 우리로 세상과 함께 죄 정함을 받지 않게 하려 하심이라.**

잘못된 태도로 성찬에 참여한 결과, 고린도교회 안에는 심신으로 약한 자와 병든 자가 많았고, 잠자는 자 곧 죽은 자도 적지 않았다. 그러나 성도가 징계를 받는 것도 유익하다. 그것 때문에, 그가 회개함으로 세상과 함께 영원한 멸망을 당하지 않을 수 있기 때문이다.

**〔33-34절〕 그런즉 내 형제들아, 먹으러 모일 때에 서로 기다리라. 만일 누구든지 시장하거든 집에서 먹을지니 이는 너희의 판단받는 모임이 되지 않게 하려 함이라. 그 남은 것은 내가 언제든지 갈 때에 귀정(歸正)하리라** [바로 잡으리라].

고린도교회는 성찬식이 당파적 식사가 되지 않도록 조심해야 했다. 하나님의 교회의 모임이 정죄받는 모임이 되게 해서는 안 된다.

본장의 교훈을 정리해보자. 첫째로, 본문은 여자가 머리에 수건이나 모자를 쓰든지 긴 머리를 가지고 기도하는 것이 옳다고 말한다. 그것은 그가 남편의 권세 아래 있음을 나타낸다. 남자와 여자는 영적 특권에 있어서는 동등하지만, 그 지위와 역할에 있어서는 구별된다. 여자의 긴 머리는 머리 수건이나 모자를 대신하여 주신 것이다. 이것은 특히 여자가 공적 모임에서 기도할 때나 말씀을 전할 때 해당된다고 본다.

둘째로, 우리는 주 예수 그리스도의 죽으심을 기억하면서 시시때때로 성찬 의식을 행해야 한다. 성찬식은 주께서 친히 세우시고 명하신 바이며 우리가 주의 재림 때까지 행해야 할 의식이다. 그것은 복음의 핵심인 예수 그리스도의 대속 사역과 죄씻음을 증거하는 의식이다. 우리는 하나님께서 구주 예수 그리스도를 주신 것을 감사해야 한다.

셋째로, 우리는 성찬 시 바른 지식과 믿음이 없이 참여함으로 주의 몸과 피를 범하는 죄를 짓지 않도록 조심해야 한다. 우리는 성찬의 떡과 포도즙을 예수 그리스도의 몸과 피라고 생각하며 먹고 마셔야 하고, 이런 지식과 믿음 없이 참여하는 것은 하나님 앞에서 큰 죄가 된다.

# 12장: 성령의 은사

〔1-3절〕 **형제들아, 신령한 것**[영적인 것들, 영적 은사들(KJV, NASB, NIV)] **에 대하여는 내가 너희의 알지 못하기를 원치 아니하노니 너희도 알거니와 너희가 이방인으로 있을 때에 말 못하는 우상에게로 끄는 그대로 끌려갔느니라. 그러므로 내가 너희에게 알게 하노니 하나님의 영으로 말하는 자는 누구든지 예수를**[예수님을] **저주할**[저주받은] **자라 하지 않고 또 성령으로 아니하고는 누구든지 예수를**[예수님을] **주시라 할 수 없느니라.**

우리는 성령의 은사들에 대해서 알아야 한다. 우리는 과거에 하나님을 알지 못하고 '말 못하는 우상'에게 끌려 다녔었다. 그러나 우리는 이제 그 허무한 것들에게서 구원을 얻어 하나님을 섬기는 자들이 되었다. 우리의 구원은 전적으로 하나님의 영의 활동으로 된 것이다. 누구든지 하나님의 영으로 말하는 자는 십자가에 죽으신 예수님을 저주받은 자라고 말하지 않고 또 성령으로 아니하고는 아무도 예수님을 주님이시라고 고백할 수 없다. 성도는 성령의 활동으로 예수님을 구주와 주님이시라고 바르게 믿고 고백하며 구원 얻은 자이다.

〔4-7절〕 **은사**(카리스마 χάρισμα)(값없이 주신 은혜의 선물)**는 여러 가지나 성령은**[께서는] **같**[으시]**고 직임**(디아코니아 διακονία)[(봉사의) 직분]**은 여러 가지나 주**[께서]**는 같으**[시]**며 또 역사(役事)**(엔에르게마 ἐνέργημα)[**활동**] **는 여러 가지나 모든 것을 모든 사람 가운데서 역사하시는 하나님은**[께서는] **같으**[시]**니 각 사람에게 성령의 나타남을 주심은 유익하게 하려 하심이라.**

교회 안에 있는 다양한 은사들과 직분들과 활동들은 삼위일체이신 하나님의 행하심이다. 성령께서 성도들에게 다양한 은사들을 주시는 목적은 '유익하게 하려 하심'이다. 그것은 개인에게 주시는 유익 뿐만 아니라, 또한 교회 전체의 유익을 말한다.

〔8-11절〕 **어떤 이에게는 성령으로 말미암아 지혜의 말씀을, 어떤 이에게는 같은 성령을 따라 지식의 말씀을, 다른 이에게는 같은 성령으로 믿음**

**을, 어떤 이에게는 한 성령으로 병 고치는 은사를, 어떤 이에게는 능력 행함을, 어떤 이에게는 예언함을, 어떤 이에게는 영들 분별함을, 다른 이에게는 각종 방언 말함을, 어떤 이에게는 방언들 통역함을 주시나니 이 모든 일은 같은 한 성령이**[성령께서] **행하사 그 뜻대로 각 사람에게 나눠주시느니라.**

본문은 성령의 초자연적 은사들을 언급한다. '지혜의 말씀'은 현실에 바르게 대처하게 하는 말씀을 가리키며, '지식의 말씀'은 하나님의 뜻에 대한 깨달음과 지식을 가리킨다고 본다. '믿음'의 은사는 기적에 대한 믿음을 가리키는 것 같다. '예언함'은 하나님의 뜻을 대언(代言)하거나 미래의 일을 말하는 것이며, '영들 분별함'은 사람의 생각을 분별하는 것을 가리키며, '각종 방언 말함'은 다른 나라의 말을 하는 것이고, '방언들 통역함'은 그 말들을 통역하는 것을 가리킨다.

성경에서 방언은 외국어를 가리킨다고 본다. '방언'이라는 원어(글로싸 γλῶσσα)는 '언어'라는 뜻이다(행 2:11; 계 5:9; 7:9; 10:11; 11:9; 13:7; 14:6; 17:15). 오순절에 약 15개 지역에서 예루살렘에 모인 사람들은 각각 자기 지역의 말로 제자들이 말하는 것을 듣고 소동했고(행 2:6) "우리가 우리 각 사람의 난 곳 방언으로 듣게 되는 것이 어찜이뇨?"(행 2:8), "우리가 다 우리의 각 방언으로 하나님의 큰 일을 말함을 듣는도다"라고 말했다(행 2:11). 또 성경에 '방언들'(복수명사)(행 10:46; 19:6), '새 방언들'(막 16:17), '다른 방언들'(행 2:4)이라는 표현들과, 방언을 알아들을 수 있다든지, 그것을 기도와 찬송에 사용한다든지, 또 그것을 통역한다는 것 등도 방언이 언어임을 보인다.

성령의 초자연적 은사들은 하나님의 특별계시들을 전달하고 확증하기 위해 주신 것이었다. 그것들은 사도시대에 신약성경이 완성된 후 거두어졌다고 본다. 하나님께서 그것들을 거두신 것은 신약성경의 완성으로 그 목적이 이루어졌기 때문이다. 그것들은 마치 건물을 짓기 위해 설치된 비계들이 건물이 완성된 후 철거되는 것과 같았다.

하나님께서는 성도들에게 초자연적 은사들 외에 여러 가지 자연적 은사들도 나누어주심으로 교회에게 유익을 주셨다. 로마서 12:6-8은 하나님의 말씀을 전하는 은사, 섬기는 은사, 가르치는 은사, 권면하고 위로하는 은사, 구제하는 은사, 관리하는 은사, 긍휼을 베푸는 은사 등을 언급하였다. 우리는 거기에 찬양의 은사도 포함할 수 있다.

성령의 은사들은 다양하지만, 이 모든 것은 다 한 성령께서 자기 뜻대로 각 사람에게 나누어주시는 것이다. 교회는 하나님께서 친히 세우시고 돌아보신다. 영혼들을 구원하시고 양육하시는 것도 하나님께서 친히 하신다. 성령께서는 개인을 중생(重生)시키시고 점점 더 거룩하게 하시고 마침내 교회 전체가 온전케 되게 하신다.

**〔12-13절〕 몸은 하나인데 많은 지체가 있고 몸의 지체가 많으나 한 몸임과 같이 그리스도**[께서]**도 그러하니라.** [이는] **우리가 유대인이나 헬라인이나 종이나 자유자나 다 한 성령으로 세례를 받아 한 몸이 되었고 또 다 한 성령을 마시게 하셨느니라**[하셨음이니라].

몸은 하나인데 많은 지체가 있고 몸의 지체가 많으나 한 몸이다. 사람의 몸은 머리, 눈, 코, 귀, 입, 손, 발 등 많은 지체들과, 뇌, 위, 간, 폐, 심장 등 약 128개의 기관들과 200개 이상의 뼈들과 600개 이상의 근육들로 구성되었고, 뇌(腦)는 약 80억개의 세포들로 구성되어 있다고 한다. 사람의 몸에 많은 지체가 있듯이, 그리스도의 몸된 교회에도 많은 지체들과 직분들이 있어 한 교회를 이룬다.

우리가 예수 그리스도의 한 몸의 지체들이 된 것은 성령의 세례로 말미암은 것이다. 13절, "우리가 유대인이나 헬라인이나 종이나 자유자나 다 한 성령으로 세례를 받아 한 몸이 되었고 또 다 한 성령을 마시게 하셨느니라." 우리는 성령 세례를 받아 한 몸이 되었다. 성령 세례는 민족, 피부 색깔, 사회적 신분, 직업, 경제 정도 등을 초월해 하나님의 은혜로 예수님 믿고 죄씻음 받아 한 몸이 되는 경험이다. 그것은 어떤 이들이 잘못 생각하듯이 믿는 이들이 두 번째의 경험으로 받는 것이 아니고, 모든 믿는 자들이 이미 받은 것이며 중생(重生)

과 동일한 사건이다. 또 "다 한 성령을 마시게 하셨다"는 말씀은 우리가 물을 마시듯이 성령을 받았다는 것을 말한다(요 7:37-39).

**〔14-20절〕 몸은 한 지체뿐 아니요 여럿이니 만일 발이 이르되 나는 손이 아니니 몸에 붙지 아니하였다 할지라도 이로 인하여 몸에 붙지 아니한 것이 아니요 또 귀가 이르되 나는 눈이 아니니 몸에 붙지 아니하였다 할지라도 이로 인하여 몸에 붙지 아니한 것이 아니니 만일 온 몸이 눈이면 듣는 곳은 어디며 온 몸이 듣는 곳이면 냄새 맡는 곳은 어디뇨? 그러나 이제 하나님이**[하나님께서] **그 원하시는 대로 지체를 각각 몸에 두셨으니 만일 다 한 지체뿐이면 몸은 어디뇨? 이제 지체는 많으나 몸은 하나라.**

몸은 한 지체뿐이 아니고 여러 지체이다. 각 지체는 다른 지체와 다르다고 해서 자기가 몸에 붙어 있지 않다고 생각해서는 안 된다. 발과 손, 귀와 눈은 서로 달라도 다 한 몸에 붙어 있는 지체들이다. 또 몸의 각 지체는 다 필요한 지체이다. 몸에는 눈도 귀도 코도 다 필요하다. 한 지체만으론 몸이 될 수 없다. 한 지체만 가득한 몸은 없다. 몸의 각 지체는 하나님께서 주신 것이다. 이와 같이, 우리 각 사람은 예수 그리스도의 몸의 지체들임을 인식해야 한다.

**〔21-27절〕 눈이 손더러 내가 너를 쓸데없다 하거나 또한 머리가 발더러 내가 너를 쓸데없다 하거나 하지 못하리라. 이뿐 아니라 몸의 더 약하게 보이는 지체가 도리어 요긴하고 우리가 몸의 덜 귀히 여기는 그것들을 더욱 귀한 것들로 입혀 주며 우리의 아름답지 못한 지체는 더욱 아름다운 것을 얻고 우리의 아름다운 지체는 요구할 것이 없으니 오직 하나님이**[께서] **몸을 고르게 하여 부족한 지체에게 존귀를 더하사 몸 가운데서 분쟁이 없고 오직 여러 지체가 서로 같이하여 돌아보게 하셨으니 만일 한 지체가 고통을 받으면 모든 지체도 함께 고통을 받고 한 지체가 영광을 얻으면 모든 지체도 함께 즐거워하나니 너희는 그리스도의 몸이요 지체의 각 부분이라.**

몸의 지체는 어느 것 하나도 쓸데없는 것이 없다. 눈이 손더러 '너는 볼 줄 모르기 때문에 쓸데없다'고 말할 수 없다. 손이 없다면, 눈이 어떤 필요한 것을 보아도 그것을 집어올 수 없다. 또 머리가 발더러

쓸데없다고 말할 수 없다. 발이 없다면, 눈이 필요한 것을 보아도 그것을 가지러 갈 수 없다. 이와 같이, 몸의 각 지체는 다른 지체를 무시하거나 쓸데없다고 말해서는 안 된다.

더욱이, 몸의 지체들 중에는 더 약하게 보이는 지체가 더 중요한 것이 많다. 눈은 약한 지체이지만 매우 중요하며, 두뇌나 심장이나 폐 등도 약하지만, 매우 중요하다. 또 몸의 지체들 중 덜 귀히 여기는 것이나 덜 아름다운 것은 옷을 입히거나 신을 신기지만, 아름다운 얼굴은 가릴 필요가 없다. 하나님께서는 각 지체를 고르게 하여 부족한 것에게 존귀를 더하신다. 따라서 각 지체는 서로 싸우지 말아야 한다.

몸의 지체 중 한 부분이 아프면 온 몸이 아프다. 몸의 모든 지체는 그 아픔을 함께 나눈다. 모든 지체가 한 몸에 붙어 있기 때문이다. 그러나 반대로 한 지체가 영광을 얻으면 모든 지체는 함께 그 영광을 누리며 즐거워한다. 아름다운 노래를 부른 성악가는 입과 목만 칭찬을 받지 않고 온 몸이 칭찬을 받고, 금메달을 딴 마라톤 선수는 발과 다리만 축하를 받지 않고 온 몸이 축하를 받는다.

교회는 그리스도의 몸이요 성도들은 그 몸의 각 지체들이다. 그러므로 각 지체는 다른 지체들과 다르다고 자기는 몸에 붙어 있지 않다고 생각해서는 안 된다. 사실, 각 지체는 서로를 필요로 한다. 한 지체만 가지고 몸이 될 수는 없다. 또 약하게 보이는 지체가 더 중요한 일을 하는 경우가 많다. 그러므로 우리는 남을 무시하지 말고 서로 다투지 말고 서로 돌보아야 한다. 우리는 한 지체의 고통이 모든 지체의 고통이며 한 지체의 영광이 모든 지체의 영광임을 알아야 한다.

**〔28-31절〕 하나님이**[께서] **교회 중에 몇을 세우셨으니 첫째는 사도요 둘째는 선지자요 셋째는 교사요 그 다음은 능력이요 그 다음은 병 고치는 은사와 서로 돕는 것과 다스리는 것과 각종 방언을 하는 것이라. 다 사도겠느냐? 다 선지자겠느냐? 다 교사겠느냐? 다 능력을 행하는 자겠느냐? 다 병 고치는 은사를 가진 자겠느냐? 다 방언을 말하는 자겠느냐? 다 통역하**

**는 자겠느냐? 너희는 더욱 큰**(타 크레잇토나 τὰ κρείττονα)[더 유익한](전통본문)[19] **은사를 사모하라. 내가 또한 제일 좋은 길을 너희에게 보이리라.**

하나님께서는 교회에 여러 가지 은사들과 직분들을 주셨다. 몸에 여러 지체들이 있듯이, 교회도 그러하다. 우리는 이 사실을 인식해야 한다. 또 사도 바울은 끝으로 더 유익한 은사를 사모하라고 말한다. 더 유익한 은사란 다른 사람에게 유익을 주는 은사를 말하는 것 같다. 또 '제일 좋은 길'이란 다음 장에 말한 사랑을 가리킨다고 본다. 이것은 더 유익한 은사를 사모하되 사랑의 원리를 따라 하라는 교훈이다.

본장의 교훈을 정리해보자. 첫째로, 성령께서는 사람들로 예수님을 구주와 주님으로 바로 깨닫고 고백하게 하신다. 우리가 예수님을 믿음으로 구원을 얻은 것은 성령의 활동으로 된 것이다. 성령의 활동이 아니라면 사람은 창조자와 섭리자 하나님도, 자신이 멸망 받을 죄인임도, 예수께서 우리의 구주이심도 알 수 없고 믿을 수 없었을 것이다.

둘째로, 은사들은 여러 가지나 그것들을 주신 성령께서는 한 분이시다. 교회 직분들도 여러 가지나 그것들을 주신 주님께서는 한 분이시고, 각 사람 속에 활동하시는 활동은 여러 가지나 그것들을 행하시는 이는 한 분 하나님이시다. 교회에 주신 여러 직분들은 한 몸의 여러 지체들과 같다. 우리에게 주신 직분들이 다를지라도 우리는 각 지체의 역할을 인정하고 서로 귀하게 여기고 우리가 한 몸임을 기억해야 한다. 우리는 교회의 한 지체가 고통을 당하면 같이 고통을 당하게 되고 한 지체가 영광을 얻으면 같이 영광을 나누고 기뻐함을 알아야 한다.

셋째로, 우리는 더 유익한 은사를 사모해야 한다. 신약성경이 완성된 후, 우리는 하나님의 가장 유익한 선물인 성경을 소유하게 되었다. 그러므로 우리는 성경을 열심히 읽고 묵상함으로 하나님의 풍성한 교훈을 받고 그 내용인 사랑을 실천함으로써 하나님을 기쁘시게 해야 한다.

---

19) Byz it $vg^{cl}$ $cop^{bo\text{-}mss}$ Origen 등이 그러함.

# 13장: 사랑의 중요성, 성격, 영원함

〔1-3절〕 **내가 사람의 방언과 천사의 말을 할지라도**[사람들과 천사들의 방언들로 말할지라도](원문) **사랑이 없으면 소리나는 구리와 울리는 꽹과리가 되고, 내가 예언하는** 능이 **있어 모든 비밀과 모든 지식을 알고 또 산을 옮길 만한 모든 믿음이 있을지라도 사랑이 없으면 내가 아무것도 아니요, 내가 내게 있는 모든 것으로 구제하고 또 내 몸을 불사르게 내어 줄지라도 사랑이 없으면 내게 아무 유익이 없느니라.**

사도 바울은 성령의 초자연적 은사들에 관해 말하는 중에 사랑에 대해 말한다. 그는 먼저 사랑의 중요성에 대해 말한다. 그가 말하는 사랑은 참된 사랑을 뜻한다. 그것은 창조자와 섭리자 하나님과 그의 아들 예수 그리스도의 대속 사역에 대한 지식과 믿음에서 나온 사랑이며 하나님의 계명을 즐거이 순종하는 사랑을 가리킨다.

사도 시대의 성도들은 성령의 은사를 받아 방언, 즉 외국어를 말하는 일이 있었다. 이것은 신기한 일이었다. 그러나 사도는 비록 성도가 방언을 할지라도 사랑이 없으면 '소리나는 구리와 울리는 꽹과리'에 불과하다고 말한다. 사랑은 방언보다 훨씬 더 중요하다는 것이다. 또 사도는 비록 성도가 예언하고 모든 비밀을 아는 지혜와 지식의 은사를 가졌다 할지라도 사랑이 없으면 아무것도 아니라고 말한다. 사랑은 예언과 지혜와 지식의 은사보다 훨씬 더 중요하다는 것이다.

또 사도는 비록 성도가 산을 옮길 만한 믿음의 은사를 받았다 할지라도 사랑이 없으면 아무것도 아니라고 말한다. 산을 옮길 만한 믿음은 대단한 믿음이지만, 사랑은 그것보다 훨씬 더 중요하다는 것이다. 하나님의 구원의 목적은 우리가 하나님을 사랑하고 그의 계명대로 이웃을 사랑하는 자가 되게 하기 위해서이다. 사랑은 참된 믿음의 표이며 열매이다. 사랑이 없는 믿음은 죽은 믿음이다. 또 사도는 비록 사람이 자기가 가진 모든 것을 바쳐 구제하는 놀라운 선을 행하고 또 자기 몸을 희생 제물로 드리는 헌신의 삶을 산다고 할지라도 그것이 하나님을 사랑하는 진심에서 행한 것이 아니고, 예를 들어 자기 이름을 내기 위해서나 영웅심으로나 어떤 정치적 이념이나 사회적 이념 때문에 행한 것이라면 아무 유익이 없다고 말한다. 그런 구제와 선행, 그런 헌신은 하나님 앞에서 칭찬받을 만한 의(義)나 선이 되지 못하고 자기에게 아무 유익도 없다.

**[4-7절] 사랑은 오래 참고 사랑은 온유하며 투기하는 자가 되지 아니하며 사랑은 자랑하지 아니하며 교만하지 아니하며 무례히 행치 아니하며 자기의 유익을 구치 아니하며** [쉽게](KJV, NIV) **성내지 아니하며 악한 것을 생각지 아니하며 불의를 기뻐하지 아니하며 진리와 함께 기뻐하고 모든 것을 참으며 모든 것을 믿으며 모든 것을 바라며 모든 것을 견디느니라.**

사도 바울은 이제 사랑이 무엇인지에 대해, 즉 사랑의 성격에 대해 말한다. 사랑은 무엇보다 오래 참는다. 야곱은 라헬을 사랑하므로 그를 아내로 얻기 위하여 7년 동안 외삼촌 라반에게 봉사했으나 7년을 수일같이 여겼다고 창세기 29:20은 말한다. 사랑은 일시적 감정이 아니다. 그것은 감정이라면 영속적 감정이다. 사랑은 머리로 잠시 느끼는 데 그치지 않고 실제로 오래 참고 기다릴 수 있는 것이다. 사랑은 또한 온유하다. '온유하다'는 원어(크레스튜오마이 χρηστεύομαι)는 '친절하다'는 뜻이다(KJV, NASB, NIV). 사랑은 거칠거나 사납지 않다. 아내와 자녀들을 사랑하는 자는 그들에게 거칠게 대하지 않고 구타하지 않고 말이나 표정이나 행동에 있어서 친절할 것이다.

사랑은 또 투기하지 않는다. 이웃을 사랑하는 자는 그가 잘되는 것을 샘내거나 질투하지 않고 도리어 기뻐하고 축하할 것이다. 또 사랑은 자랑하지 않는다. 자랑은 자기 중심적인 마음에서 나온다. 자랑은 그런 자랑거리가 없는 상대방을 낙심케 하거나 슬프게 한다. 그것은 사랑의 원리에 배치된다. 사랑은 또한 교만하지 않는다. 이웃을 사랑하는 자는 상대방 앞에서 자신을 높이지 않는다. 사랑은 또한 무례히 행치 않는다. '무례히 행하다'는 원어(아스케모네오 ἀσχημονέω)는 '보기 흉하게 행하다'는 뜻이다. 사랑은 상대방의 마음을 상하게 하지 않도록 조심하고 상대방을 존중하고 예절을 지킨다. 사랑을 가진 자는 그 인격이 아름답다. 사랑은 또 자기 유익을 구하지 않는다. 사랑은 이기적이지 않고 상대방을 배려하고 그의 유익을 위한다.

사랑은 또한 쉽게 성내지 않는다. 사람은 누구나 자기에게 이익이 되면 기뻐하고 자기에게 손해가 되면 화를 내는 경향이 있지만, 참사랑은 자기의 이해관계를 초월한다. 물론 사람이 진리와 의를 위해 정당하게 성내는 경우가 있을 수 있으나 그것도 조심해야 한다. 사랑은 또한 악한 것을 생각지 않는다. 사랑은 남을 위한 선한 마음가짐이다. 그것은 남에게 악을 행하거나 남을 해롭게 하지 않는다. 사랑은 또 불의를 기뻐하지 않고 진리와 함께 기뻐한다. 사랑은 결코 불의를 행하거나 불의를 용납하지 않는다. 사랑은 성결하고 의롭다. 하나님의 사랑이 그러하시다. 사랑의 하나님께서는 죄 많은 우리를 그냥 죄 없다고 하지 않으셨다. 그는 자기의 독생자에게 우리의 죄의 형벌을 담당시키심으로써 공의롭고 정당하게 우리를 구원하셨다.

사랑은 모든 것을 참고 모든 것을 믿으며 모든 것을 바라며 모든 것을 견딘다. 우리가 참으로 상대방을 사랑한다면 모든 것을 참을 수 있고 모든 것을 믿을 수 있다. 이것은 불의와 거짓과 위선의 세계에서는 상상할 수 없고 오직 하나님 안에서만 가능하다. 진실한 성도간의 관계는, 비록 지금 다 이해되지 않는다 할지라도, 모든 것을 참고 모든 것을 믿고 모든 것을 바라고 모든 것을 견딜 수 있다.

**〔8-10절〕 사랑은 언제까지든지 떨어지지**[쇠잔하지] **아니하나 예언도 폐하고 방언도 그치고 지식도 폐하리라. 우리가 부분적으로 알고 부분적으로 예언하니 온전한 것이 올 때에는 부분적으로 하던 것이 폐하리라.**

사도 바울은 또한 사랑의 영원성에 대해 말한다. 사랑은 영원하다. 사랑은 완전한, 이상적 인격의 특성이다. 사랑은 영원한 천국에서의 생활 원리이며 영광스런 부활체들의 속성이며 행동 규칙이다.

사랑의 영원성에 대조하여, 사도 바울은 성령의 초자연적 은사들의 일시적 성격을 말한다. 여기에서 또 한번 사랑의 가치가 드러난다. 영원한 것과 일시적인 것 간의 가치적 차이는 무한히 크다. 그러면 사랑의 중요성과 가치가 충분히 증명되며, 우리가 성령의 초자연적 은사들보다 더 사모해야 할 덕이 무엇인지 확실해진다.

성령의 초자연적 은사들이 일시적이라는 것은 그것들이 부분적인 것에 관계한다는 사실에서 나타난다. 예컨대, 지식의 은사는 부분적인 지식에 관계되고 예언의 은사도 부분적인 일들에 관계된다. 그러므로 온전한 것이 올 때에는 부분적인 것에 관계하던 은사들은 폐지될 것이다. 초자연적 은사들이 폐지될 시기는 온전한 것이 올 때이며, 폐지될 이유는 온전한 것이 왔기 때문에 부분적인 것에 관계된 것들이 불필요하게 되기 때문이다. 충족한 지식, 충족한 예언이 오게 되면 부분적인 지식, 부분적인 예언은 불필요하게 되기 때문이다.

여기에 '온전한 것'은 무엇이며, '온전한 것이 올 때'는 언제인가? 물론 예수님의 재림의 때는 세상의 모든 것들이 완성되는 때이지만, '온전한 것이 올 때'는 하나님의 뜻에 대한 지식에 관한 한 신약성경의 완성의 때를 가리킨다고 본다. 신약성경 27권은 하나님의 계시에 관한 한 '온전한 것'이다. 사도시대에 신약성경 27권이 다 기록되었다. 거기에 하나님의 진리와 뜻에 관한 충족한 지식이 담겨 있다. 그러므로 부분적인 지식의 은사, 부분적인 예언의 은사 등 사도시대 교회에 있었던 성령의 초자연적 은사들은 그 후 시대에 불필요하게 되었고 따라서 그것들은 중지되고 폐지되었다고 이해되는 것이다.

**〔11-12절〕 내가 어렸을 때에는 말하는 것이 어린아이와 같고 깨닫는 것이 어린아이와 같고 생각하는 것이 어린아이와 같다가 장성한 사람이 되어서는 어린아이의 일을 버렸노라. 우리가 이제는 거울로 보는 것같이 희미하나 그때에는 얼굴과 얼굴을 대하여 볼 것이요 이제는 내가 부분적으로 아나**

**그때에는 주께서 나를 아신 것같이 내가 온전히 알리라.**

사도 바울은 성령의 초자연적 은사들의 초보적 성격을 말한다. 그는 초자연적 은사들이 마치 사람의 어린 시절과 같다고 말한다. 어린 시절에는 사람이 말하는 것이나 깨닫는 것이나 생각하는 것이 어리다. 성령의 초자연적 은사들이 폐지될 때는 교회가 장성한 사람이 될 때이며 그 이유는 그가 장성한 사람이 되었기 때문이다. 장성한 사람은 어린아이의 일을 버린다. 어린아이에게는 젖병과 장난감이 필수품이지만 크고 나면 더 이상 필요 없듯이, 성령의 초자연적 은사들은 교회의 창설시기의 것들이며 후시대에는 필요치 않은 것들이었다.

성령의 초자연적 은사들은 진리의 지식에 있어서 매우 제한적이고 부분적이고 불명료하였다. 그것은 마치 놋쇠로 만든 거울로 보는 것 같이 희미했다. 그러나 '온전한 것'이 올 때에는 얼굴과 얼굴을 대하듯이 하나님의 뜻에 관해 온전하게, 충족하게 알게 될 것이다. 이것은 신약성경 27권의 완성된 계시가 초자연적 은사들보다 온전하고 명확하고 충족한 말씀일 것을 암시하였다고 본다. 오늘날 신구약성경은 하나님의 완성된 특별계시이며 그의 명료하고 충족한 말씀이다.

**〔13절〕 그런즉 믿음, 소망, 사랑, 이 세 가지는 항상 있을 것인데 그 중에 제일은 사랑이라.**

본절은 13장의 결론이다. 믿음은 우리의 육신의 눈에 보이지 않으시는 하나님과 예수 그리스도를 믿고 하나님의 모든 진리와 약속의 말씀들을 믿는 것이다. 그것은 성경에 기록된 진실한 증인들의 증언들을 믿는 것이다. 사도 요한은 요한복음에서 "예수께서 제자들 앞에서 이 책에 기록되지 아니한 다른 표적도 많이 행하셨으나 오직 이것을 기록함은 너희로 예수께서 하나님의 아들 그리스도이심을 믿게 하려 함이요 또 너희로 믿고 그 이름을 힘입어 생명을 얻게 하려 함이니라"고 말했고(20:30-31), 그의 동료들은 "이 일을 증거하고 이 일을 기록한 제자가 이 사람이라. 우리는 그의 증거가 참인 줄 아노라" 고 말했다(21:24). 사도 바울은 벨릭스 총독 앞에서 심문받을 때 "[나는] 율법과 및 선지자들의 글에 기록된 것을 다 믿는다"고 증거했다(행 24:14). 우리는 신구약성경의 모든 내용을 다 믿어야 한다.

소망은 예수 그리스도의 재림과, 죽은 자들의 부활, 특히 성도들의 영광스런 부활과, 영광의 새 하늘과 새 땅을 바라는 것이다. 사랑은 하나님을 사랑하고 주 안에서 믿음의 형제 자매들을 사랑하고 세상의 불쌍한 영혼들을 사랑하고 심지어 원수까지도 사랑하는 것이다.

믿음과 소망과 사랑은 세상에서 성도들에게 항상 있어야 할 필수적 덕목들이다. 성도에게는 믿음도 꼭 필요하고 소망도 꼭 필요하고 사랑도 꼭 필요하다. 믿음은 사람이 죄사함과 의롭다 하심과 영생의 구원을 얻는 방법이며, 소망은 고난과 수고가 많은 세상을 사는 동안 성도에게 계속적인 힘과 위로의 원천이며, 사랑은 구원 얻은 성도들의 삶의 열매이다. 믿음과 소망과 사랑은 성도들의 필수적 덕목들이지만, 그 중에 제일은 사랑이다. 그 까닭은 사랑은 삼위일체 하나님께 대한 참된 믿음과 천국 소망의 결과요 열매요 증거이기 때문이다.

본장의 교훈을 정리해보자. 첫째로, 사랑은 성령의 초자연적 은사들보다 더 중요하다. 기독교는 단순히 은사 추구, 기적 추구의 종교가 아니고 하나님을 바로 알고 믿고 그의 뜻대로 서로 사랑하는 도이다.

둘째로, 사랑은 오래 참고 친절하고 교만치 않고 무례히 행치 않고 이기적이지 않다. 하나님께서 원하시는 것은 바른 지식과 믿음과 거룩하고 선한 인격과 삶이다. 그것은 단순한 종교적 의식보다 더 중요하다.

셋째로, 신약성경의 완성으로 초자연적 은사들은 그쳤지만, 사랑은 영원하다. 믿음, 소망, 사랑은 성도에게 항상 있어야 할 덕목이지만, 그 중에서 제일은 사랑이다. 사랑은 참 믿음과 소망의 증거이기 때문이다. 우리는 천국에서도 영원히 하나님을 사랑하고 서로 사랑할 것이다.

# 14장: 방언과 예언

〔1절〕 **사랑을 따라 구하라**(디오케테 텐 아가펜 διώκετε τὴν ἀγάπην) [사랑을 구하라]. **신령한 것을 사모하되 특별히 예언을 하려고 하라.**

본문은 사랑이 은사들보다 더 중요하기 때문에 먼저 사랑의 덕을 구하고, 그것을 가진 자로서 신령한 것, 곧 성령의 은사들을 구하라는 뜻이다. 또 사도는 그들에게 성령의 은사를 사모하되 예언을 하려고 하라고 말했다. 예언을 하려고 하라는 것은 본장 전체에서 그의 교훈의 요지이다. '예언한다'는 원어(프로페튜오 προφητεύω)는 하나님의 말씀을 대언(代言)한다는 뜻이다. 그것은 물론 때때로 미래의 일에 대한 예언(豫言)도 포함한다. 사도시대니까 사도 바울은 성령의 은사들을 사모하라고 가르친 줄 안다. 만일 그가 오늘날 교훈한다면, 성경을 열심히 읽고 묵상하며 믿고 행하고 성경으로 권면하라고 말했을 것이다. 그것이 하나님의 뜻이다(눅 16:29-31; 계 22:18-19).

〔2절〕 [이는] **방언을 말하는 자는 사람에게 하지 아니하고 하나님께 하나니 이는 알아듣는 자가 없고 그 영으로 비밀을 말함이니라.**

방언은 '외국어'를 가리킨다. 방언으로 말하는 것은 사람에게 하지 않고 하나님께 하는 것이며 알아듣는 자가 없고 영으로 비밀을 말하는 것이다. '비밀'이라고 말한 것은 그 내용을 알지 못하기 때문이다.

〔3-4절〕 **그러나 예언하는 자는 사람에게 말하여 덕을 세우며 권면하며 안위하는 것이요 방언을 말하는 자는 자기의 덕을 세우고 예언하는 자는 교회의 덕을 세우나니.**

'덕을 세운다'는 말은 '유익을 준다'는 뜻이다. 교회의 덕을 세운다는 말은 다른 교우들에게 권면이나 위로를 주는 것을 말한다.

〔5절〕 **나는 너희가 다 방언**[방언들] **말하기를 원하나 특별히 예언하기를** 원하노라. [이는](전통사본) **방언을 말하는 자가 만일 교회의 덕을 세우기 위**

**하여 통역하지 아니하면 예언하는 자만 못하니라**[못함이니라].

사도는 방언하는 자가 교회의 유익을 위해 통역하지 않으면 예언하는 자만 못하므로 그들이 방언보다 예언하기를 원하였다.

**〔6-9절〕 그런즉 형제들아, 내가 너희에게 나아가서 방언을 말하고 계시나 지식이나 예언이나 가르치는 것이나 말하지 아니하면 너희에게 무엇이 유익하리요? 혹 저**[피리]**나 거문고와 같이 생명 없는 것이 소리를 낼 때에 그 음의 분별을 내지 아니하면 저**[피리] **부는 것인지 거문고 타는 것인지 어찌 알게 되리요? 만일 나팔이 분명치 못한 소리를 내면 누가 전쟁을 예비하리요? 이와 같이 너희도 혀로서**[혀로써] **알아듣기 쉬운 말을 하지 아니하면 그 말하는 것을 어찌 알리요? 이는 허공에다 말하는 것이라.**

성도는 혀로 알아듣기 쉬운 말을 해야 한다. 아무리 방언을 잘해도 다른 사람이 알아듣지 못하면 아무 소용이 없다. 사람들이 알아듣지 못하는 말을 한다는 것은 허공에다 말하는 것과 다를 바가 없다.

**〔10-12절〕 세상에 소리의 종류가 이같이 많되 뜻 없는 소리는 없나니 그러므로 내가 그 소리의 뜻을 알지 못하면 내가 말하는 자에게 야만이 되고 말하는 자도 내게 야만이** 되리니 **그러면 너희도 신령한 것을 사모하는 자인즉 교회의 덕 세우기를 위하여 풍성하기를 구하라.**

교회에서는 알아듣지 못하는 말을 하지 말고 알아듣기 쉬운 말을 해야 한다. 그것이 교회의 영적 성장을 위해 필요하고 중요하다.

**〔13-14절〕 그러므로 방언을 말하는 자는 통역하기를 기도할지니 내가 만일 방언으로 기도하면 나의 영이 기도하거니와 나의 마음**(누스 νοῦς)[생각, 이해력]**은 열매를 맺히지 못하리라.**

방언으로 기도하는 것은 영의 활동이기는 하나 생각으로 열매를 맺지 못한다. 즉 내가 그 내용을 이해하지 못한다. 방언은 하나님의 영께서 성도의 영에 직접 활동하셨던 현상이라고 보인다.

**〔15-17절〕 그러면 어떻게 할꼬? 내가 영으로 기도하고 또 마음으로 기도하며 내가 영으로 찬미하고 또 마음으로 찬미하리라. 그렇지 아니하면 네가 영으로 축복**[찬미]**할 때에 무식한 처지에 있는 자가 네가 무슨 말을 하는**

**지 알지 못하고 네 감사에 어찌 아멘 하리요? 너는 감사를 잘하였으나 그러나 다른 사람은 덕 세움을 받지 못하리라.**

방언으로 기도하거나 찬미하는 자는 통역하지 않으면 듣는 사람이 아멘으로 화답할 수 없다. 그러므로 교회에서는 아무 유익이 없다.

〔18-19절〕 **내가 너희 모든 사람보다 방언**[방언들]**을 더 말하므로 하나님께 감사하노라. 그러나 교회에서 네가 남을 가르치기 위하여** 깨달은 **마음**[생각]**으로 다섯 마디 말을 하는 것이 일만 마디 방언으로 말하는 것보다 나으니라**[그러나 나는 교회에서 방언으로 일만 마디 말을 하기보다 다른 사람들도 가르치기 위하여 생각을 가지고 다섯 마디 말을 하기를 원하노라].

사도 바울은 결론적으로 교회에서 방언으로 하는 일만 마디 말이, 생각을 가지고 가르치는 다섯 마디 말보다 못하다고 말한다.

〔20절〕 **형제들아, 지혜**(프렌 φρήν)[생각, 깨달음]**에는 아이가 되지 말고 악에는 어린아이가 되라. 지혜**[생각]**에 장성한**[온전한] **사람이 되라.**

사람 속에는 악의 경향성이 있으므로 악은 모를수록 좋고 경험해 볼 필요도 없다. 그러나 생각과 깨달음에는 어른이 되어야 한다. 생각은 사람의 인격을 이루며 그의 말과 행동을 결정한다. 잠언 23:7, “대저 그 마음의 생각이 어떠하면 그 위인(爲人, 사람 됨)도 그러한즉.” 생각이 어리면 미숙한 인격이지만, 생각이 온전하면 온전한 인격이다. 바른 생각, 깊은 생각, 원만한 생각, 온전한 생각은 성숙한 인격의 표이다. 그러므로 우리는 생각에 있어서 온전한 자가 되어야 한다.

〔21-22절〕 **율법에 기록된 바 주께서 가라사대 내가 다른 방언하는 자와 다른 입술로 이 백성에게 말할지라도 저희가 오히려 듣지 아니하리라 하였으니 그러므로 방언은 믿는 자들을 위하지 않고 믿지 아니하는 자들을 위하는 표적이나 예언은 믿지 아니하는 자들을 위하지 않고 믿는 자들을 위함이니.**

사도 바울은 이사야서를 율법이라고 불렀다. 율법은 구약성경의 명칭으로 사용되었다. 구약의 모든 책들은 권위에 차등이 없다. 사도 바울은 방언이 믿지 않는 자들에게 표로 주신 은사이며, 예언은 믿는 자들에게 표로 주신 은사라고 말한다. 그렇다면 믿는 자는 방언보다 예언을 구해야 하며 오늘날 성경 교훈을 사모해야 한다.

**〔23-25절〕 그러므로 온 교회가 함께 모여 다 방언으로 말하면 무식한 자들이나 믿지 아니하는 자들이 들어와서 너희를 미쳤다 하지 아니하겠느냐? 그러나 다 예언을 하면 믿지 아니하는 자들이나 무식한 자들이 들어와서 모든 사람에게 책망을 들으며 모든 사람에게 판단을 받고 그 마음의 숨은 일이 드러나게 되므로 엎드리어 하나님께 경배하며 하나님이**[께서] **참으로 너희 가운데 계시다 전파하리라.**

교회에서 필요한 것은 하나님의 진리의 교훈이다. 그것은 하나님을 알지 못하는 자들에게 하나님을 알게 하고 그들의 죄를 깨우치고 구주 예수 그리스도께로 나아오게 하며 그를 믿어 구원 얻게 한다.

**〔26절〕 그런즉 형제들아, 어찌할꼬? 너희가 모일 때에 각각 찬송시도 있으며 가르치는 말씀도 있으며 계시도 있으며 방언도 있으며 통역함도 있나니 모든 것을 덕을 세우기 위하여 하라.**

사도시대 교회의 집회 순서는 주로 찬송과 설교로 이루어져 있었다. 계시와 방언과 통역은 사도시대에만 있었고 그 후 시대에는 없어진 순서들로서 교훈적 성격을 가진다. 오늘날에는 성경 강해가 그것을 대신한다. 공예배는 하나님께 경배하는 일차적 의미를 가지지만, 하나님께서는 성도들이 성경 강해로 영적 유익을 얻기를 원하신다.

**〔27-28절〕 만일 누가 방언으로 말하거든 두 사람이나 다불과(多不過)**[많아도] **세 사람이 차서를 따라 하고 한 사람이 통역할 것이요 만일 통역하는 자가 없거든 교회에서는 잠잠하고 자기와 및 하나님께 말할 것이요.**

사도 시대의 집회에서도 방언을 하는 것은 세 사람을 넘지 말아야 했고 또 반드시 통역하는 자가 있을 때만 공집회에서 허용되었다.

**〔29-31절〕 예언하는 자는 둘이나 셋이나 말하고 다른 이들은 분변**[판단] **할 것이요 만일 곁에 앉은 다른 이에게 계시가 있거든 먼저 하던 자는 잠잠할지니라. 너희는 다 모든 사람으로 배우게 하고 모든 사람으로 권면을 받게 하기 위하여 하나씩 하나씩 예언할 수 있느니라.**

사도 시대의 공예배 시 예언도 둘이나 셋이 말하게 하고 다른 이들은 판단해야 했고 모든 사람이 하나님의 권면과 위로를 받아야 했다.

〔32-33절〕 **예언하는 자들의 영이 예언하는 자들에게 제재를 받나니 하나님은**[께서는] **어지러움의 하나님이 아니시요 오직 화평의 하나님이시니라.**

방언과 예언은 무질서하게 이루어져서는 안 되었다. 교회의 집회는 질서 있는 집회가 되어야 한다. 하나님께서는 어지러움과 혼돈의 하나님이 아니시고 질서와 화평의 하나님이시다. 죄는 사람의 인격을 무질서와 혼란에 떨어지게 하였다. 그러나 사람이 하나님을 알게 될 때 우주의 질서를 찾고 인생의 참된 의미와 목적을 알게 된다.

〔34절〕 **모든 성도의 교회에서**[성도들의 모든 교회에서] **함과 같이 여자**[너희의 아내들](전통사본)[20]**는 교회에서 잠잠하라. 저희의 말하는 것을 허락함이 없나니 율법에 이른 것같이 오직 복종할 것이요.**

사도는 아내들이 교회에서 잠잠하라고 교훈한다. 그는 몇 가지 점을 말한다. 첫째로, 이것은 모든 교회에서 지켜지는 규례라고 말한다. 이것은 모든 교회의 보편적 규례라는 것이다. 둘째로, 이것은 성경에 근거한 것이라고 말한다. 그는 '율법에 이른 것같이'라고 말한다.

〔35-38절〕 **만일 무엇을 배우려거든 집에서 자기 남편에게 물을지니 여자가 교회에서 말하는 것은 부끄러운 것임이라. 하나님의 말씀이 너희에게로부터 난 것이냐? 또는 너희에게만 임한 것이냐? 만일 누구든지 자기를 선지자나 혹 신령한 자로 생각하거든 내가 너희에게 편지한 것이 주의 명령인 줄 알라. 만일 누구든지 알지 못하면 그는 알지 못한 자니라.**

셋째로, 이것은 '주의 명령'이라고 말한다. 사도들의 모든 교훈은 주의 권위로 주어진 것들 곧 주의 명령이다. 그러므로 사도들의 교훈을 무시하는 것은 주의 명령을 무시하고 거역하는 죄가 된다.

〔39-40절〕 **그런즉 내 형제들아, 예언하기를 사모하며 방언 말하기를 금하지 말라. 모든 것을 적당**[적절]**하게 하고 질서대로 하라.**

---

20) Byz syr Cyprian 등이 그러함.

본장의 교훈을 정리해보자. 첫째로, 예배 순서는 질서 있게 행해져야 한다. 교회의 공적 예배의 순서들은 찬송과 기도와 설교로 이루어진다. 하나님께서는 어지러움의 하나님이 아니시다(33절). 그러므로 사도는 "모든 것을 적절하게 하고 질서대로 하라"고 교훈하였다(40절). 하나님께 드리는 예배는 어수선하고 소란스럽게가 아니고 경건하고 차분하고 질서 있게 드려져야 한다. 찬송과 기도, 특히 설교가 그러해야 한다.

둘째로, 아내들은 교회에서 잠잠해야 한다. 사도는 그것이 모든 교회의 보편적 규례이며, 성경에 계시된 바이며, 또 주님의 명령이라고 말했다. 이 교훈은 디모데전서 2:11-14의 말씀과 더불어 여자 목사와 여자 장로를 세우는 것이 비성경적이라는 것을 보인다. 오늘날 흔히 볼 수 있는 여자 목사와 여자 장로는 비성경적이다. 우리는 하나님을 위하며 참 교회를 세운다면서 사도적 교훈을 무시하고 어겨서는 안 된다.

셋째로, 우리는 악에는 어린아이가 되고 생각에는 온전한 사람이 되어야 한다. 20절, "형제들아, 지혜[생각]에는 아이가 되지 말고 악에는 어린아이가 되라. 지혜[생각]에 장성한 사람이 되라." 악은 모를수록 좋으나 생각은 바르고 깊고 원만하고 온전할수록 좋다. 우리는 생각에 있어서 온전한 자가 되어야 한다(골 1:28). 그것이 온전한 성화이다.

넷째로, 우리는 성경을 힘써 읽고 배우고 성경말씀으로 서로 권면하고 위로하며 교회를 견고히 세워 나가야 한다. 사도는 방언보다 예언이 더 중요하다고 말했는데 그것은 예언이 교회의 유익을 주기 때문이었다. 그는 방언으로 하는 일만 마디보다 생각을 가지고 하는 다섯 마디가 더 낫다고 말했다. 방언과 예언은 사도 시대 이후 신약성경의 완성으로 그쳤다고 본다. 우리는 하나님의 특별계시가 신약성경으로 완성되었고 더 이상 주어지지 않는다고 믿기 때문에 어떤 이들처럼 예언과 방언의 계속을 주장해서는 안 된다. 이제 성경은 하나님의 충족한 말씀이므로, 우리는 성경 읽기와 공부의 중요성을 알고 성경을 열심히 읽고 묵상하고 깨닫고 믿고 행하며 남에게 권면하는 자가 되어야 한다.

# 15장: 죽은 자들의 부활

## 1-28절, 그리스도의 부활, 죽은 자들의 부활

**〔1-2절〕 형제들아, 내가 너희에게 전한 복음을 너희로 알게 하노니 이는 너희가 받은 것이요 또 그 가운데 선 것이라. 너희가 만일 나의 전한 그 말을 굳게 지키고 헛되이 믿지 아니하였으면 이로 말미암아 구원을 얻으리라.**

사도 바울은 고린도인들에게 복음을 전했고 그들은 그것을 받았고 그 가운데 섰다. 기독교 복음은 불변적 내용으로 사도들을 통해 세상에 주어졌다. 교회는 이 복음의 터 위에 세워져 있다. 우리는 이 복음을 헛되이 받지 않고 굳게 믿음으로 구원을 얻을 것이다.

**〔3절〕 내가 받은 것을 먼저 너희에게 전하였노니 이는 성경대로 그리스도께서 우리 죄를 위하여 죽으시고.**

복음의 핵심적 내용은 예수 그리스도께서 우리 죄를 위해 죽으시고 다시 사셨다는 것이다. 그리스도께서는 성경대로 우리 죄를 위하여 죽으셨다. '성경대로'라는 말은 그의 죽음이 구약성경에 예언되고 예표된 바라는 뜻이다. '위하여'라는 원어(휘페르 ὑπὲρ)는 '대신하여'라는 뜻이다. 그는 우리의 죄를 대신하여 죽으셨다. 이것이 속죄(贖罪)사역이며 속죄의 진리이다. 기독교 복음은 속죄의 복음이다. 사람에게 가장 필요한 소식은 죄 문제의 해결, 즉 죄로부터의 구원이다.

**〔4절〕 장사 지낸 바 되었다가 성경대로 사흘 만에 다시 살아나사.**

또 그리스도께서는 성경대로 사흘 만에 다시 살아나셨다. '장사 지낸 바 되었다가'라는 말씀은 그의 부활이 그가 묻히셨던 무덤을 비우시고 다시 사신 사건임을 증거한다. 그의 부활은 복음의 주요 내용이다. 그의 부활은 그의 모든 것을 확증한다. 즉 그의 부활은 그의 무죄(無罪)하심과 그의 모든 말씀의 진실하심과 그가 친히 자신에 대해 증거하신 대로 그가 하나님의 아들 그리스도이심을 확증하고, 또 가장 중요한 것은 복음의 핵심인 그의 속죄사역을 확증하는 것이다.

**〔5-8절〕 게바에게 보이시고 후에 열두** 제자**에게와 그 후에 오백여 형제에게 일시에 보이셨나니 그 중에 지금까지 태반이나**[대부분] **살아 있고 어떤 이는 잠들었으며 그 후에 야고보에게 보이셨으며 그 후에 모든 사도에게와 맨 나중에 만삭되지 못하여 난 자 같은 내게도 보이셨느니라.**

바울은 그리스도의 부활의 증인들을 열거한다. 복음서들과 달리, 여기서는 남자들만 언급된다. 그리스도께서는 부활하신 후 제자들에게 나타나셨다. 그들은 증인들이었다. 첫째로 그는 게바 곧 베드로에게 나타나셨고, 둘째로 열두 제자들에게 나타나셨고, 셋째로 오백여 형제에게 일시에 나타나셨는데, 그 대부분은 그 당시까지 살아 있었다. 이것은 놀라운 증언이다. 예수 그리스도의 부활의 증인들은 수백 명이었고 주께서 부활하신 지 약 20여년이 지난 후에도 대부분 살아 있었다. 넷째로 그는 야고보에게, 다섯째로 모든 사도들에게, 그리고 마지막으로 바울에게 나타나셨다. 이 정도면 그의 부활의 증인들의 명단이 충분하지 않는가? 이 정도의 증인들을 가진 사건이라면 믿을 만하지 않은가? 그리스도의 부활이 확실한 사건이라면, 그는 하나님의 아들 그리스도시요 우리의 죄와 형벌을 대속하신 자이시며 따라서 기독교는 참되고 유일한 구원의 진리이다. 오늘 우리는 성경의 이런 증거들에 근거해 예수님을 하나님의 아들 그리스도로 믿는다.

**〔9절〕** [이는] **나는 사도 중에 지극히 작은 자라. 내가 하나님의 교회를 핍박하였으므로 사도라 칭함을 받기에 감당치 못할 자로라**[자임이로라].

바울은 자신을 '만삭되지 못하여 난 자 같다'고 표현한 이유를 말한다. 그는 자신이 하나님의 교회를 핍박하였으므로 사도들 중에 지극히 작은 자이며 사도라 칭함을 받기에 감당치 못할 자라고 말한다.

**〔10-11절〕 그러나 나의 나된 것은 하나님의 은혜로 된 것이니 내게 주신 그의 은혜가 헛되지 아니하여 내가 모든 사도보다 더 많이 수고하였으나**

**내가 아니요 오직 나와 함께하신 하나님의 은혜로라. 그러므로 내나 저희나 이같이 전파하매 너희도 이같이 믿었느니라.**

바울은 하나님의 은혜로 자신이 신자와 사도가 되었음을 고백한다. 또 그 하나님의 은혜가 헛되지 아니하여 그가 모든 사도보다 더 많이 수고하였으나 자신이 한 것이 아니요 하나님의 은혜로 한 것이라고 간증한다. 이것은 모든 시대에 참된 모든 종들의 고백일 것이다.

바울과 모든 사도들은 복음을 전파할 때 예수 그리스도의 죽음과 그의 부활을 증거하였다. 그것은 사도들이 증거한 복음의 주요 내용이다. 속죄의 복음은 사도적 복음이며, 속죄 신앙은 복음 신앙이다.

**〔12-13절〕 그리스도께서 죽은 자 가운데서 다시 살아나셨다 전파되었거늘 너희 중에서 어떤 이들은 어찌하여 죽은 자 가운데서 부활이 없다 하느냐? 만일 죽은 자의 부활이 없으면 그리스도도 다시 살지 못하셨으리라.**

고린도교회에는 죽은 자의 부활을 부정하는 자들이 있었다. 이성으로는 죽은 자들의 부활이 불가능해 보이지만, 죽은 자들의 부활은 성경의 기본 진리이며(사 26:19; 단 12:2; 마 22:23-33; 히 6:1-2) 그런 기본 진리를 부정하는 자들이 교회 안에 있다는 것은 중대한 문제이었다. 바울은 그리스도의 부활이 많은 증인들에 의해 확증된 사실이며 복음의 핵심 내용임을 증거함으로써 죽은 자들의 부활을 부정하는 자들을 반박하고 부활 진리를 증거했다. 그리스도의 부활은 죽은 자들의 부활에 대한 분명한 증거이었다. 죽은 자의 부활이 불가능하다면 그리스도께서 삼일 만에 부활하셨다는 것도 불가능했을 것이다.

**〔14-15절〕 그리스도께서 만일 다시 살지 못하셨으면 우리의 전파하는 것도 헛것이요 또 너희 믿음도 헛것이며 또 우리가 하나님의 거짓 증인으로 발견되리니 우리가 하나님이[께서] 그리스도를 다시 살리셨다고 증거하였음이라. 만일 죽은 자가 다시 사는 것이 없으면 하나님이[께서] 그리스도를 다시 살리시지 아니하셨으리라.**

그리스도의 부활은 기독교 신앙에 매우 중요하다. 만일 그리스도께서 다시 살지 못하셨다면 사도들의 전파하는 내용은 헛것일 것이다. 왜냐하면 그들이 전파하는 중심 내용은 그리스도의 부활의 사실을 포함하였기 때문이다(행 1:22; 2:32; 3:15; 4:33; 5:30-32). 또, 만일 그리스도의 부활이 거짓이라면 그리스도인들의 믿음도 헛것일 것이다. 왜냐하면 그들은 예수 그리스도의 부활을 믿었고 그것에 근거하여 그가 하나님의 아들 그리스도이심을 믿었기 때문이다. 이와 같이, 그리스도의 부활은 기독교의 사활(死活)이 걸린 중요한 문제이다.

또 만일 그리스도께서 부활하지 않으셨다면, 모든 사도들은 거짓 증인이 될 것이다. 그들은 하나님께서 그리스도를 다시 살리셨다고 증거하였기 때문이다. 그러면 기독교는 거짓말에 근거한 사기(詐欺)이며, 기독교 신자들은 거기에 미혹된 가련한 영혼들이 될 것이다.

**〔16-19절〕 만일 죽은 자가 다시 사는 것이 없으면 그리스도도 다시 사신 것이 없었을 터이요 그리스도께서 다시 사신 것이 없으면 너희의 믿음도 헛되고 너희가 여전히 죄 가운데 있을 것이요 또한 그리스도 안에서 잠자는 자도 망하였으리니 만일 그리스도 안에서 우리의 바라는 것이 다만 이생**(국한문, '금생[今生]')**뿐이면 모든 사람 가운데 우리가 더욱 불쌍한 자리라.**

바울은 앞에서 말한 요지를 반복하면서 두 가지를 덧붙이고 있다. 하나는, 만일 그리스도께서 부활하지 않으셨다면, 우리는 여전히 죄 가운데 있을 것이다. 사람들의 죄 문제는 여전히 미해결 문제로 남게 될 것이다. 왜냐하면 그리스도의 속죄사역이 그의 부활로 확증되기 때문이다. 또 하나는, 만일 그리스도의 부활이 거짓이라면 그리스도 안에서 죽은 자들이 망했을 것이다. 왜냐하면 그들은 그를 믿고 소망 가운데 죽었으나 그 소망이 헛되기 때문이며 더욱이 그를 위해 핍박과 순교를 당한 자들은 헛된 죽음을 죽은 것이기 때문이다. 이것은 기독교 전(全) 역사를 뒤엎는 일이 될 것이다.

우리가 그리스도 안에서 바라는 것은 돈, 부귀, 영화, 명예, 권세, 쾌락 등 이생의 것이 아니다. 우리의 소망은 부활과 영생과 영원한 천국에 있다. 그 소망 때문에 우리는 고난도 받고 순교도 감당한다. 만일 우리의 소망이 이생뿐이라면 그리스도 때문에 고난을 당하고 순교까지 당하는 자들은 가장 불쌍한 사람들일 것이다.

〔20절〕 **그러나 이제 그리스도께서 죽은 자 가운데서 다시 살아 잠자는 자들의 첫 열매가 되셨도다.**

그러나 감사하게도 그리스도의 부활은 확실한 사실이다. 예수 그리스도께서는 잠자는 자들 즉 죽은 자들의 첫 열매가 되셨다! 그의 부활은 죽은 자들의 부활의 시작이 되었다!

〔21절〕 [이는] **사망이 사람으로 말미암았으니 죽은 자의 부활도 사람으로 말미암는도다**[말미암음이로다].

첫 사람 아담의 범죄로 사망이 세상에 들어왔다(롬 5:12). 사람의 범죄로 죽음이 왔기 때문에 사람이 죗값을 받음으로 죽음을 극복해야 했다. 거기에 하나님의 아들께서 왜 사람이 되셔야 했는가 하는 이유가 있다. 물론 그는 사람이 되신 후에도 여전히 하나님이시다. 그러나 그는 사람들의 구원을 위해 참으로 사람이 되셨던 것이다.

〔22절〕 [이는] **아담 안에서 모든 사람이 죽은 것같이 그리스도 안에서 모든 사람이 삶을 얻으리라**[얻을 것임이라].

아담 안에서 모든 사람이 죽었었다. 그러나 그리스도 안에서 모든 사람이 삶을 얻게 된다. '그리스도 안에서 모든 사람'이라는 말은 그리스도 안에서 하나님의 선택을 받은 모든 사람들(엡 1:4)을 가리킨다. 그리스도 안에 있는 모든 자들은 다 부활하여 영생할 것이다.

그리스도 안에서 모든 사람이 생명을 얻는 것은 그리스도의 대속(代贖) 때문이다. 그의 대속을 입은 모든 사람은 하나도 예외 없이 다 영생을 얻는다. 예수께서는 "나를 보내신 이의 뜻은 내게 주신 자 중에 내가 하나도 잃어버리지 아니하고 마지막 날에 다시 살리는 이것이니라"고 말씀하셨다(요 6:39). 이것은 하나님의 예정의 성취이다.

〔23절〕 **그러나 각각 자기 차례대로 되리니** 먼저는 **첫 열매인 그리스도요**

**다음에는 그리스도 강림하실 때에 그에게 붙은 자**(호이 투 크리스투 οἱ τοῦ Χριστοῦ)[그리스도에게 속한 자들]**요.**

부활에는 순서가 있다. 처음에는 부활의 첫 열매이신 그리스도의 부활이 있다. 그 다음에는 그리스도께서 강림하실 때 곧 그의 재림 때에 그에게 속한 자들이다. 예수 그리스도를 믿고 구원 얻은 모든 자들은 그의 재림 시 다 영광스럽게 부활할 것이다(살전 5:16).

**〔24절〕 그 후에는 나중이니**[마지막이 오리니](KJV, NASB, NIV) **저가 모든 정사와 모든 권세와 능력을 멸하시고 나라를 아버지 하나님께 바칠 때라.**

그리스도의 재림과 의인의 부활이 있은 후에 세상의 종말이 올 것이다. 그때 악인의 부활도 있을 것이다. 예수께서는 악인의 부활을 '심판의 부활'이라고 표현하셨다(요 5:29). 다니엘서에는 그것이 수욕과 무궁한 부끄러움을 입을 부활로 묘사되었다(단 12:2). 요한계시록은 모든 죽은 자들이 하나님의 심판 보좌 앞에서 심판받을 것을 증거했다(계 20:12). 그것은 참으로 두려운 일이다. 또 그때 그리스도께서는 모든 정사와 권세와 능력, 즉 마귀의 권세를 다 멸하실 것이다.

**〔25-26절〕 저가 모든 원수를 그 발아래 둘 때까지 불가불 왕노릇하시리니 맨 나중에 멸망 받을 원수는 사망이니라.**

'모든 원수'는 사탄과 악령들과 세상의 악한 정권들을 가리킨다(엡 6:11-12; 단 10:20-21). 그는 모든 원수를 다 복종시키실 것이다. 그는 만왕의 왕으로서 온 우주를 통치하시고 모든 원수를 복종시키실 것이다. 맨 마지막으로 멸망 받을 원수는 사망이다.

**〔27-28절〕 만물을 저의 발아래 두셨다 하셨으니 만물을 아래 둔다 말씀하실 때에 만물을 저의 아래 두신 이가 그 중에 들지 아니한 것이 분명하도다. 만물을 저에게 복종하게 하신 때에는 아들 자신도 그때에 만물을 자기에게 복종케 하신 이에게 복종케 되리니 이는 하나님이**[께서] **만유의 주로서 만유 안에 계시려**[모든 것의 모든 것이 되시려](KJV, NASB, NIV) **하심이라.**

사람이 되신 하나님의 아들께서는 친히 아버지께 복종하셨다. 그는 죽기까지 아버지께 복종하셨다(마 26:3; 빌 2:8). 그때 하나님께서는 온 우주와 세상과 인류에게 모든 것의 모든 것이 되실 것이다.

본문의 교훈을 정리해보자. 첫째로, 복음은 예수 그리스도께서 우리의 죄를 위해 십자가에 죽으셨고 삼일 만에 다시 살아나셨다는 내용을 포함한다. 그의 죽음은 많은 사람들의 죄를 대속(代贖)하신 죽음이었고 그의 부활하심은 그가 하나님의 아들이시며 죄가 없으신 자이시며 그의 죽음이 많은 사람들의 죄사함을 위한 속죄의 죽음이셨음을 확증하였다. 예수 그리스도의 십자가 속죄의 죽음과 부활을 믿는 것이 죄사함과 의롭다 하심과 영생을 얻는 구원이 된다. 우리는 예수 그리스도의 속죄의 죽음과 부활을 믿는 복음 신앙, 속죄 신앙을 가져야 한다.

둘째로, 죽은 자들의 부활이 있다. 사람의 죽음은 끝이 아니다. 사람의 영혼은 불멸하며 사람은 본래 죽도록 창조되지 않았다. 죽음은 사람의 죄 때문에 왔다. 사람에게는 부활이 있다. 예수 그리스도의 부활이 그 증거이다. 의인도 악인도 다 부활한다. 다니엘 12:2, "땅의 티끌 가운데서 자는 자 중에 많이 깨어 영생을 얻는 자도 있겠고 수욕을 받아서 무궁히 부끄러움을 입을 자도 있을 것이며." 요한복음 5:28-29, "이를 기이히 여기지 말라. 무덤 속에 있는 자가 다 그의 음성을 들을 때가 오나니 선한 일을 행한 자는 생명의 부활로, 악한 일을 행한 자는 심판의 부활로 나오리라." 모든 죽은 자들은 다 부활할 것이고 영생의 나라인 복된 천국이 있고 영원한 형벌의 처소인 지옥 불못이 있을 것이다.

셋째로, 예수 그리스도께서는 성도들의 복된 부활의 첫 열매이시다. 우리는 장차 예수 그리스도의 영광스런 모습같이 부활할 것이다. 빌립보서 3:20-21, "오직 우리의 시민권은 하늘에 있는지라. 거기로서 구원하는 자 곧 주 예수 그리스도를 기다리노니 그가 만물을 자기에게 복종케 하실 수 있는 자의 역사로 우리의 낮은 몸을 자기 영광의 몸의 형체와 같이 변케 하시리라." 하나님께서는 우리에게 복된 부활과 영생을 주실 것이다. 우리는 영생에 이를 그 복된 부활을 사모해야 한다.

## 29-58절, 부활의 몸, 부활의 개가

**〔29-32절〕 만일 죽은 자들이 도무지 다시 살지 못하면 죽은 자들을 위하여 세례받는 자들이 무엇을 하겠느냐? 어찌하여 저희를 위하여 세례를 받느뇨? 또 어찌하여 우리가 때마다 위험을 무릅쓰리요?** (**형제들아**)(전통사본들과 p[46]은 생략함) **내가 그리스도 예수 우리 주 안에서 가진 바 너희에게 대한 나의 자랑을 두고 단언하노니 나는 날마다 죽노라. 내가 범인(凡人)처럼**(카타 안드로폰 κατὰ ἄνθρωπον)[사람으로, 인간적 동기로(NASB)] **에베소에서 맹수로 더불어 싸웠으면 내게 무슨 유익이 있느뇨? 죽은 자가 다시 살지 못할 것이면 내일 죽을 터이니 먹고 마시자 하리라.**

죽은 자들을 위해 세례받는다는 말은 비세례교인이 세례받기 전에 죽었을 때 그의 가족이 그를 대신하여 세례를 받았던 초대교회의 한 잘못된 풍습을 가리킨 것 같으나, 그 풍습은 부활 신앙에 근거했었다. 바울은 그것을 들어 그들의 부활 소망을 증거하려 한 것 같다.

'나는 날마다 죽는다'는 말은 바울의 생활이 죽음의 위험이 가득하였음을 증거한다. 그는 날마다 죽음의 위험 속에서 살고 있었다. 그러나 그가 이런 생활을 피하지 않는 것은 부활의 확실한 소망 때문이었다. 그가 싸웠던 '맹수들'은 그를 죽이려는 무리들을 가리켰다고 본다. 현세주의자들의 좌우명은 '내일 죽을 터이니 먹고 마시자'이다. 부활이 없다면 우리도 그런 자가 될지도 모르나, 부활과 내세가 있음을 믿기 때문에 우리는 근신하며 하나님의 뜻대로 바르게 살려고 한다.

**〔33-34절〕 속지 말라. 악한 동무들**(호밀리아이 ὁμιλίαι)[교제들]**은 선한 행실을 더럽히나니 깨어 의를 행하고**[마땅히 정신을 차리고](NASB) **죄를 짓지 말라. 하나님을 알지 못하는 자가 있기로 내가 너희를 부끄럽게 하기 위하여 말하노라.**

교제는 영향이 있다. 부활을 부정하는 자들과의 교제는 악한 교제이며, 악한 교제는 선한 행실을 더럽힌다. 우리는 마땅히 정신을 차리고 범죄치 말아야 한다. 성경에 계시된 하나님의 뜻은, 우리가 구주 예수님을 믿어 죄씻음과 의롭다 하심을 얻고 이제는 선하고 의롭게 살라는 것이다. 하나님을 알게 된 자들은 그렇게 살 것이다.

**〔35-38절〕 누가 묻기를 죽은 자들이 어떻게 다시 살며 어떠한 몸으로 오느냐 하리니 어리석은 자여, 너의 뿌리는 씨가 죽지 않으면 살아나지 못하겠고 또 너의 뿌리는 것은 장래 형체를 뿌리는 것이 아니요 다만 밀이나 다른 것의 알갱이**[낟알, 씨]**뿐이로되 하나님이**[께서] **그 뜻대로 저에게 형체를 주시되 각 종자에게 그 형체를 주시느니라**

죽은 자의 부활을 의심하는 자들은 사람이 죽으면 몸이 썩어버리는데 어떻게 다시 살 것인가라고 말한다. 그러나 죽은 자의 부활은 자연계에서도 추론할 수 있다. 사람은 벼나 밀을 직접 심는 것이 아니고 단지 그것의 낟알 곧 씨를 땅에 뿌리고 그 씨가 땅에 심겨 썩지만, 하나님께서 그의 기쁘신 뜻대로 그것에게 각각의 형체를 주신다. 하나님께서는 벼와 밀의 씨가 썩은 후에 싹이 나고 자라 각각 벼와 밀의 형체가 되게 하시는 것이다. 이와 비슷하게, 사람은 죽어 그 몸이 땅에 묻혀 썩지만, 장차 그 몸이 부활할 것이다.

**〔39-41절〕 육체**(사르크스 σὰρξ)**는 다 같은 육체가 아니니 하나는 사람의 육체요 하나는 짐승의 육체요 하나는 새의 육체요 하나는 물고기의 육체라.** [또한] **하늘에 속한 형체**[몸들]**도 있고 땅에 속한 형체**[몸들]**도 있으나 하늘에 속한 자**[것들]**의 영광이 따로 있고 땅에 속한 자**[것들]**의 영광이 따로 있으니 해의 영광도 다르며 달의 영광도 다르며 별의 영광도 다른데 별과 별의 영광이 다르도다.**

하나님께서는 사람과 짐승들과 새들을 흙으로 창조하셨다(창 2:7, 19). 물고기들도 흙으로 창조하셨다(시 104:29). 그러나 그 몸들은 다 동일하지 않고 각각 다르다. 생명체의 몸들도 다 다르고, 해와 달과 별들의 형체들도 다 다르다. 하늘의 것들과 땅의 것들의 영광이 서로 다르고 하늘의 것들 간에도 영광이 서로 다르다. 해와 달과 별들은 그 크기와 밝기에 있어서 각기 다르다.

**〔42-44절〕 죽은 자의 부활도 이와 같으니 썩을 것으로 심고 썩지 아니**

**할 것으로 다시 살며 욕된 것으로 심고 영광스러운 것으로 다시 살며 약한 것으로 심고 강한 것으로 다시 살며 육의 몸으로 심고 신령한 몸으로 다시 사나니 육의 몸이 있은즉 또 신령한 몸이 있느니라.**

죽은 자의 부활은 부활 전 상태와 다를 것이다. 그러면 부활 전의 사람의 몸은 어떠하며 부활 후의 사람의 몸은 어떠한가?

첫째로, 부활 전의 사람의 몸은 썩을 몸이지만, 부활 후의 사람의 몸은 썩지 않을 몸이다. 사람이 범죄한 후 모든 피조물과 피조 세계는 시들고 쇠하고 죽어 썩는 존재가 되었다. 그것은 죄의 결과이다. 그러나 죄씻음의 구원의 결과인 부활의 몸은 썩지 않을 몸인 것이다. 부활의 몸은 죄성이 다 제거된 몸일진대 썩지 않아야 마땅하다.

둘째로, 부활 전의 몸은 욕된 몸이지만, 부활 후의 몸은 아름다운 몸이다. 사람은 본래 하나님의 형상으로 창조되어 지혜롭고 의롭고 아름다웠으나, 범죄함으로 그 의와 영광을 상실했고 슬픔과 고생이 많은 세상 속에 살면서 그 얼굴은 점점 보기 흉해진다. 어린 아기들의 아름다움은 오래가지 않는다. 또한 사람의 내면적 불결과 악함도 겉으로 드러난다. 그러나 부활은 본래의 아름다운 몸의 회복이다.

셋째로, 부활 전의 몸은 약한 몸이지만, 부활 후의 몸은 강한 몸이다. 우리는 나이가 들수록 사람의 몸이 약하다는 것을 실감한다. 사람의 몸은 작은 부분 하나만 이상이 생겨도 아프다. 그러나 부활할 때에 우리는 더 이상 병과 연약이 없는 건강한 몸을 가질 것이다.

넷째로, 부활 전의 몸은 육의 몸이지만, 부활 후의 몸은 신령한 몸이다. '육의 몸'은 타고난 죄성(罪性) 즉 죄악된 욕구와 감정의 지배를 받는 몸이라는 뜻이나, '신령한 몸'은 '성령께서 거하시는 몸, 죄성이 없는 몸'을 가리킬 것이다. 또 그 몸은 예수님의 부활의 몸처럼 시간과 공간의 제약성을 초월하는 성질도 가질 것이다(요 20:19).

**[45-46절] 기록된 바 첫 사람 아담은 산 영**(프쉬켄 조산 ψυχὴν ζῶσαν)[산 자]**이 되었다 함과 같이 마지막 아담은 살려 주는 영이 되었나니 그러나**

**먼저는 신령한 자가 아니요 육 있는 자요 그 다음에 신령한 자니라.**

예수 그리스도께서는 마지막 아담으로 죄 없는 인성(人性)을 입고 오셔서 인류의 모든 죄와 불행의 문제를 해결하셨다. 그는 살려주는 영이 되셨다. '살려주는 영' 혹은 '생명을 주는 영'이라는 말은, 예수께서 인류의 대속(代贖)을 이루셨고 지금 성령으로 죄인들에게 그 속죄를 적용하여 새 생명을 주시는 구원의 일을 하심을 의미한다. '먼저는'은 첫 사람 아담을 가리키고, '그 다음에'는 마지막 아담 예수 그리스도를 가리킨다. 첫 사람 아담은 육적 생명을 가진 존재이었고, 마지막 아담인 예수 그리스도께서는 영적 존재이시다. 예수께서는 처음부터 신성(神性)의 영이셨지만, 부활 전에는 그 사실이 그의 육신에 가리워 있으셨으나 부활 후에는 그것이 밝히 드러나셨다.

**〔47-49절〕 첫 사람은 땅에서 났으니 흙에 속한 자이거니와 둘째 사람은** [둘째 사람 곧 주(主)께서는][21] **하늘에서 나셨느니라. 무릇 흙에 속한 자는 저 흙에 속한 자들과 같고 무릇 하늘에 속한 자는 저 하늘에 속한 자들과 같으니 우리가 흙에 속한 자의 형상을 입은 것같이 또한 하늘에 속한 자의 형상을 입으리라**[입자](전통본문).[22].

첫 사람은 몸이 먼저 지음 받고 그 후에 영혼이 지음 받았다. 그러나 둘째 사람 곧 주께서는 본래 하나님의 영원한 아들이신 영이시다. 그는 태초부터 계신 하나님이시다(요 1:1). 신적 영이신 그가 때가 되어 처녀 마리아의 몸에 잉태되어 사람의 본질을 취하신 것이다. 그의 근본은 육이 아니며 영이시다. 그는 하늘로부터 오신 분이시다.

'흙에 속한 자'는 아담을 가리키고, '흙에 속한 자들'은 부활 전의 모든 인류를 가리킨다. '하늘에 속한 자'는 예수 그리스도를 가리키고 '하늘에 속한 자들'은 장차 부활할 성도들을 가리킨다. 성도들은 흙에 속한 아담과 같았지만 장차 부활할 때에 하늘에 속한 예수 그리스도

---

21) Byz A syr$^{p}$ arm Origen$^{gr\ 1/2}$ 등에 있음.

22) Byz p$^{46}$ ℵ A C it$^{d}$ vg cop$^{bo}$ Irenaeus$^{lat}$ Clement Origen$^{gr\ lat}$ 등.

의 영광의 모습을 닮을 것이다. 그의 형상은 썩지 않고 영광스럽고 강하고 영적인 몸이다. 그것이 장차 성도들이 입을 부활의 몸이다.

**[50절] 형제들아, 내가 이것을 말하노니 혈(血)과 육(肉)은 하나님 나라를 유업으로 받을 수 없고 또한 썩은 것**[썩을 것]**은 썩지 아니한 것**[썩지 아니할 것]**을 유업으로 받지 못하느니라.**

'혈과 육'은 현재의 몸을 가리킨다. 성도의 부활의 몸이 단지 영뿐이지는 않을 것이지만 현재의 몸과는 완전히 다를 것이다. 현재의 혈과 육의 몸은 천국에 들어갈 수 없다. 왜냐하면 그것은 썩을 몸이기 때문이다. 썩을 몸은 썩지 아니할 나라를 유업으로 받지 못할 것이다.

**[51-52절] 보라, 내가 너희에게 비밀을 말하노니 우리가 다 잠잘 것이 아니요 마지막 나팔에 순식간에 홀연히**[눈 깜짝할 사이에](KJV, NASB, NIV) **다 변화하리니** [이는] **나팔 소리가 나매 죽은 자들이 썩지 아니할 것으로 다시 살고 우리도 변화하리라**[변화할 것임이라].

주의 재림 때에 있을 죽은 자들의 부활과 살아 있는 자들의 변화는 우리가 지금 다 이해할 수 없는 비밀과 같다. 이 사건은 마지막 나팔 소리에 맞추어 일어날 것이다(마 24:31; 살전 4:16-17). 마지막 나팔은 예비신호의 마지막이며 죽은 자들의 부활이라는 본 사건의 시작이다. 주 예수님의 재림을 알리는 나팔소리가 끝날 때 죽은 성도들의 부활과 살아 있는 성도들의 변화가 일어날 것이다. 그것은 '순식간에 홀연히' 일어날 것이다. '홀연히'라는 원어(엔 리페 오프달무 ἐν ῥιπῇ ὀφθαλμοῦ)는 '눈 깜짝할 사이에'라는 뜻이다(KJV, NASB, NIV).

**[53-54절]** [이는] **이 썩을 것이 불가불 썩지 아니할 것을 입겠고**[입어야 하고] **이 죽을 것이 죽지 아니함을 입으리로다**[입어야 함이로다]. **이 썩을 것이 썩지 아니함을 입고 이 죽을 것이 죽지 아니함을 입을 때에는 사망이 이김의 삼킨 바 되리라고 기록된 말씀이 응하리라.**

부활의 시간이 오면 사망의 확실한 패배가 증명될 것이다. 이것은 이미 구약성경에 예언된 바이었다. 이사야 25:8은 "[여호와께서] 사망을 영원히 멸하실 것이라"고 예언했다. 역사상 사망처럼 강력한 승리자가 없었지만, 그때가 되면 그것이 패배하고 말 것이다. 성도의 부활과 변화는 사망에 대한 영원한 승리이며 사망의 영원한 추방이다.

**〔55-56절〕 사망아, 너의 이기는 것이 어디 있느냐? 사망아, 너의 쏘는 것이 어디 있느냐?**[사망아, 너의 쏘는 것이 어디 있느냐? 무덤아, 너의 이기는 것이 어디 있느냐?][23] **사망의 쏘는 것은 죄요 죄의 권능은 율법이라.**

사망의 권세는 죄 때문이며 죄가 힘을 가지는 것은 율법 때문이다. 인류 6천년 역사는 사망과 무덤이 지배해왔다. 모든 사람은 죽었고 무덤에 묻히었다. 그러나 죽은 성도가 부활하고 산 자들이 변화될 때 그 기록이 깨질 것이다. 이것은 인류의 최종적 원수인 사망에 대한 승리이다. 부활과 영생의 승리보다 더 감격적인 것은 없을 것이다.

**〔57-58절〕** [그러나] **우리 주 예수 그리스도로 말미암아 우리에게 이김을 주시는 하나님께 감사하노니 그러므로 내 사랑하는 형제들아, 견고하며 흔들리지 말며 항상 주의 일에 더욱 힘쓰는 자들이 되라. 이는 너희 수고가 주 안에서 헛되지 않은 줄을 앎이니라.**

바울은 하나님께서 예수 그리스도를 통해 우리에게 주신 사망에 대한 승리를 감사하며 두 가지를 권면한다. 첫째는, 우리가 견고하며 흔들리지 말라는 것이다. 우리는 하나님과 그의 약속들, 특히 죽은 자들의 부활에 대한 약속들을 확신하고 의심하지 말아야 한다. 둘째는, 우리는 항상 주의 일에 더욱 힘쓰는 자들이 되라는 것이다. 주의 일은 예수 그리스도를 믿고(요 6:29) 복음을 전하고(막 16:15) 교회를 세우는 일이다(마 16:18). 우리의 수고는 결코 헛되지 않을 것이다.

본문의 교훈을 정리해보자. <u>첫째로, 구원 얻은 성도들에게는 부활의 때가 있다.</u> 물론 성도들 뿐만 아니라, 악인들도 부활할 것이다. 그들은 마지막 심판을 위해 부활할 것이다. 요한복음 5:28-29에 보면, 예수께서

---

23) Byz syr$^{(p)}$ Origen$^{gr-1/2}$ 등이 그러함.

는 "이를 기이히 여기지 말라. 무덤 속에 있는 자가 다 그의 음성을 들을 때가 오나니 선한 일을 행한 자는 생명의 부활로, 악한 일을 행한 자는 심판의 부활로 나오리라"고 말씀하셨다. 특히 구원 얻은 성도들의 부활은 참으로 복되고 영광스러울 것이다. 주 예수 그리스도께서 다시 오실 때에 모든 죽은 성도들은 순식간에 홀연히 다 살아날 것이며 그때 살아 있는 모든 성도들은 홀연히 다 변화될 것이다. 죄씻음과 의롭다 하심의 결과로 복된 부활과 영생이 있을 것이다. 사망은 영원히 패할 것이다. 이것이 구원 얻은 성도들이 부를 개가이며 얻을 복이다.

둘째로, 주 예수 그리스도를 믿고 죄사함을 얻고 의롭다 하심을 얻은 성도들의 부활의 몸은 현재의 몸과 현격하게 다를 것이다. 현재 우리의 몸은 썩을 몸이지만, 장차 우리가 얻을 부활의 몸은 썩지 않을 몸일 것이다. 현재 우리의 몸은 욕된 몸, 아름답지 못한 몸이지만, 장차 우리가 얻을 부활의 몸은 영광스러운 몸일 것이다. 현재 우리의 몸은 약한 몸이지만, 장차 우리가 얻을 부활의 몸은 강한 몸일 것이다. 현재 우리의 몸은 육의 몸이지만, 장차 우리가 얻을 부활의 몸은 영적인 몸일 것이다. 우리는 그 복된 부활을 사모하고 기대하고 소망해야 한다.

셋째로, 부활 진리와 소망은 몇 가지 실제적 교훈을 준다. 첫째, 우리는 죽음을 겁내지 말아야 한다. 바울은 날마다 죽음의 위험을 무릅쓰고 전도 활동을 했다. 그는 "나는 날마다 죽는다"고 말했다. 부활을 소망하는 자는 죽음의 위협이 되는 고난과 핍박과 순교를 겁내지 않는다.

둘째, 우리는 죄를 짓지 말고 선을 행해야 한다. 하나님의 뜻은 우리의 거룩함이다. 구원은 죄로부터의 구원이며 죄사함과 의롭다 하심과 거룩하게 하심이다. 부활과 천국을 소망하는 자는 이 세상 것들 때문에 비굴하게 범죄하지 않는다. 우리는 죄를 멀리하고 선을 행해야 한다.

셋째, 우리는 견고히 서서 주의 일에 더욱 힘써야 한다. 우리가 세상에 살아 있는 목적은 주의 일을 하기 위해서다. 주의 일은 복음을 전하며 참 교회를 세우는 것이다. 이 세상에서 그것보다 더 귀한 일은 없다.

# 16장: 헌금, 믿음, 사랑, 복종

**[1절] 성도를 위하는 연보**(로기아 λογία)[헌금, 모금(collection)(Thayer)]**에 대하여는 내가 갈라디아 교회들에게 명한 것같이 너희도 그렇게 하라.**

헌금에 대한 교훈이다. '성도를 위하는'이라는 말은 헌금의 목적을 보인다. 성경에 계시된 교회의 헌금의 목적은 전도와 구제를 위한 것이다. '갈라디아 교회들에게 명한 것같이'라는 말씀은 사도들의 교훈이 모든 지역의 교회들에게 적용되어야 하는 것임을 보인다.

**[2절] 매주일 첫날에 너희 각 사람이 이(利)**[이익]**를 얻은 대로 저축하여 두어서 내가 갈 때에 연보**[헌금]**를 하지 않게 하라.**

'매주일 첫날'은 일요일 곧 주일(主日)이다. 이 날 각 사람이 자신의 소득의 일부를 헌금하여 저축하라는 지시는 초대교회가 이 날 공적 집회로 모여 헌금했음을 암시한다. 사도시대 후 속사도들의 글들에 보면 초대교회들이 더 이상 토요일을 안식일로 지키지 않았고 일요일 곧 주일에 공적 집회로 모였던 것을 알 수 있다. 예를 들면, 주후 100년경의 바나바 서신은 "우리는 예수께서 부활하신 제8일을 기뻐하기 때문에 그 날을 지킨다"고 말했다.

**[3-4절] 내가 이를 때에 너희의 인정한 사람**[사람들](원문)**에게 편지를 주어 너희의 은혜를 예루살렘으로 가지고 가게 하리니 만일 나도 가는 것이 합당하면 저희가 나와 함께 가리라.**

사도 바울은 헌금을 취급할 때 교인들의 시험과 오해가 없게 하기 위해 자기가 직접 관계하지 않고 그 교회가 인정하는 사람들을 보내도록 처리하였다. 헌금은 교회에서 인정받는 사람들에 의해 바르고 깨끗하게 계수되고 관리되는 것이 오해받지 않고 덕스럽고 좋다.

**[5-7절] 내가 마게도냐를 지날 터이니 마게도냐를 지난 후에 너희에게 나아가서 혹 너희와 함께 머물며 과동(過冬)할**[겨울을 지날] **듯도 하니 이는**

**너희가 나를 나의 갈 곳으로 보내어 주게 하려 함이라. 이제는 지나는 길에 너희 보기를 원치 아니하노니 이는 주께서 만일 허락하시면 얼마 동안 너희와 함께 유하기를 바람이라.**

사도 바울은 지나가는 길에 그들에게 잠시 들리기를 원하지 않고 주께서 허락하시면 얼마 동안 함께 지내며 겨울도 지나기를 원했고, 또 그들이 그를 그의 갈 곳으로 보내어 주기를 원했다. 성도의 교제는 얼마나 아름답고 사모할 만한 것인지! 거짓과 미움과 이기주의로 가득한 세상에서 참된 교회처럼 진실과 사랑을 볼 수 있는 곳이 또 어디에 있겠는지! 하나님을 경외하며 그의 뜻을 행하는 진실한 성도들에게서만 그런 아름다운 사랑의 교제를 기대할 수 있다.

**〔8-9절〕 내가 오순절까지 에베소에 유하려 함은 내게 광대하고 공효(功效)를 이루는 문이 열리고 대적하는 자가 많음이니라.**

본절은 바울이 이 서신을 쓴 대략적 시기와 장소를 보여준다. 그것은 사도행전 19장에 해당한다. 사도행전에 보면, 사도 바울은 에베소에서 회당에 들어가 석달 동안 담대히 하나님 나라에 대해 강론하며 권면했으나 어떤 사람들은 마음이 굳어 순종치 않고 무리 앞에서 그 도(道)를 비방했다. 그래서 바울은 그들을 떠나 제자들을 따로 세우고 두란노 서원에서 날마다 강론하기를 2년 동안이나 했고 아시아에 사는 유대인이나 헬라인이 다 주의 말씀을 듣게 되었다.

사도 바울이 에베소에 머물게 된 것은 두 가지 이유 때문이었다. 첫째는 그의 사역이 에베소에서 큰 열매를 맺고 있었기 때문이었고, 둘째는 대적하는 자들이 많았기 때문이다. '내게 광대하고 공효(功效)를 이루는 문이 열리고'라는 말씀은 그의 전도 사역에 큰 열매가 있었음을 뜻한다(행 19:19-20). 어느 시대, 어느 곳에서나 하나님의 은혜로 전도의 문이 열려야 한다. 우리는 이 일을 위해 기도해야 한다.

**〔10-12절〕 디모데가 이르거든 너희는 조심하여 저로 두려움이 없이 너희 가운데 있게 하라. 이는 저도 나와 같이 주의 일을 힘쓰는 자임이니라.**

**그러므로 누구든지 저를 멸시하지 말고 평안히 보내어 내게로 오게 하라. 나는 저가 형제들과 함께 오기를 기다리노라. 형제 아볼로에 대하여는 저더러 형제들과 함께 너희에게 가라고 내가 많이 권하되 지금은 갈 뜻이 일절 없으나 기회가 있으면 가리라.**

디모데는 바울처럼 주의 일을 힘쓰는 자이었다. 사도 바울은 고린도 교인들이 조심하여 그로 두려움이 없이 그들 가운데 머물게 하고 누구든지 그를 멸시하지 말고 평안히 보내어 자기에게 오게 하라고 권하였다. 복음사역자들을 위하는 것은 곧 주님을 위하는 것이다.

사도 바울은 형제 아볼로에 대해서도 그에게 권했지만 지금은 갈 뜻이 전혀 없다고 말한다. 그는 아볼로에게 무엇을 명령하려 하지 않았다. 주의 일은 자원적으로 행하는 것이 가장 좋다.

**〔13절〕 깨어 믿음에 굳게 서서 남자답게 강건하여라.**

원문에서 본절은 네 개의 명령어로 되어 있다. 첫째는 깨어라(그레고레이테 γρηγορεῖτε)이다. 사람이 죄를 짓고 육신적 쾌락에 빠지면 영적으로 해이해지고 잠이 든다. 깨어 있는 생활이란 죄를 멀리하고 믿음, 소망, 사랑의 정상적 신앙생활을 힘쓰는 것을 의미한다.

둘째는 믿음에 굳게 서라(스테케테 στήκετε)이다. 우리는 예수 그리스도를 믿음으로 구원을 얻었다(엡 2:8). 우리에게 믿음이 없으면 아무것도 없는 것이다. 마귀는 우리의 믿음을 시험하고 우리로 믿음을 잃게 만들려 한다. 그러므로 우리는 믿음에 굳게 서야 한다.

셋째와 넷째는 남자다워라(안드리제스데 ἀνδρίζεσθε)와 강건하여라(크라타이우스데 κραταιοῦσθε)이다. 세상에는 마귀의 시험이 많다. 주께서는 제자들에게 "세상에서는 너희가 환난을 당하나 담대하라"고 말씀하셨다(요 16:33). 사도 바울은 에베소서에서도 "너희가 주 안에서와 그 힘의 능력으로 강건하여지라"고 교훈하였다(엡 6:10).

**〔14절〕 너희 모든 일을 사랑으로 행하라.**

고린도 교인들은 교만한 마음을 버리고 모든 일을 사랑으로 행함으로 일치단합해야 했다. 우리에게 사랑이 있다면, 우리는 일치단합하며 다른 이들에게 유익을 주며 주의 영광을 가리우지 않을 것이다.

〔15-18절〕 **형제들아, 스데바나의 집은 곧 아가야의 첫 열매요 또 성도 섬기기로 작정한 줄을 너희가 아는지라. 내가 너희를 권하노니 이 같은 자들과 또 함께 일하며 수고하는 모든 자에게 복종하라. 내가 스데바나와 브드나도와 아가이고의 온 것을 기뻐하노니 저희가 너희의 부족한 것을 보충하였음이니라. 저희가 나와 너희 마음을 시원케 하였으니 그러므로 너희는 이런 자들을 알아주라**[인정하라].

스데바나의 집은 성도들을 섬기는 일에 바쳐진 가정이었다. 스데바나, 브드나도, 아가이고 등은 교회의 봉사자들이었던 것 같다. 그들은 바울을 찾아왔고 정신적으로 또 아마 물질적으로 그를 돕고 위로하고 격려함으로써 바울과 또 고린도 교인들의 마음을 시원케 하였다. 하나님께서는 교회를 위해 헌신된 자들을 세우셔서 자기의 양들을 지키시고 양육하게 하시고 교회가 진리 안에서 바르고 질서 있게 진행되기를 원하신다. 그러므로 성도들은 주의 복음의 일을 위해 또 교회와 성도들을 위해 헌신한 봉사자들을 존중하고 알아주고 인정하고 사랑해야 한다. 그들은 참으로 하나님을 사랑하는 자들이다.

〔19-21절〕 **아시아의 교회들이 너희에게 문안하고 아굴라와 브리스가와 및 그 집에 있는 교회가 주 안에서 너희에게 간절히 문안하고 모든 형제도 너희에게 문안하니 너희는 거룩하게 입맞춤으로 서로 문안하라. 나 바울은 친필로 너희에게 문안하노니**(골 4:18; 살후 3:17).

성도들은 하나님의 집의 가족들로서 서로 진심으로 그리고 거룩한 사랑으로 교제하고 문안해야 한다. 사도시대에는 성도의 '집에 있는 교회'가 있었다. 교회의 교회다운 점은 성도들이 주 예수 그리스도를 진실히 믿고 섬기며 순종하고 서로 사랑으로 교제하는 데 있다.

〔22-24절〕 **만일 누구든지 주** [예수 그리스도](전통사본)**를 사랑하지 아니하거든 저주를 받을지어다. 주께서 임하시느니라**(마라나다 Μαραναθα) (Maranatha)(KJV, NASB)[혹은 '주여, 오소서'(NIV)]. **주 예수 그리스도의 은혜가**

**너희와 함께하고 나의 사랑이 그리스도 예수의 안에서 너희 무리와 함께할 지어다.** [아멘].[24]

마지막으로, 바울은 두 가지 내용을 말한다. 첫째는 "누구든지 주를 사랑하지 아니하거든 저주를 받을지어다"라는 말씀이다. 이것은 주를 사랑하는 것이 선택사항이 아니고 모든 성도에게 필수적 사항임을 강조하는 말이다. 그는 우리 죄를 대속하기 위해 십자가에 죽으셨던 주님이시다. 우리는 영원한 지옥 형벌을 받기에 마땅한 죄인이었지만, 그가 우리를 대신하여 죽으시고 삼일 만에 다시 사심으로 죄와 영원한 지옥 형벌로부터 구원을 얻었다. 이 복음의 진리를 깨닫는 자라면 어찌 주를 사랑치 않을 수 있겠는가!

둘째는 '주께서 임하시느니라'는 말씀이다. 헬라어 원문은 아람어(מָרַנָא תָא)를 음역한 것인데 '주여, 오소서'라고 읽을 수도 있다(NIV).[25] 이것은 주 예수 그리스도의 재림을 기다리는 말이다. 주 예수 그리스도께서 다시 오시면 모든 일이 완성될 것이다. 그가 다시 오실 때 주를 사랑한 자들은 영광과 위로를 얻게 될 것이다.

본장의 교훈을 정리해보자. 첫째로, 본장은 헌금에 대해 교훈한다. 첫째, 헌금은 교회의 공집회의 한 중요한 순서이다. 둘째, 헌금의 용도는 전도와 구제를 위한 것이다. 헌금은 전도자들과 교회의 전임봉사자들의 생활비를 위해 사용되어야 하고 또 교회 안의 물질적 어려움을 당한 교우들을 위해 사용되어야 한다. 셋째, 헌금은 깨끗하고 덕스럽게 관리되어야 한다. 헌금의 계수와 관리는 한 사람에 의해 이루어짐으로 사람들의 의심과 의혹을 일으키게 해서는 안 된다. 헌금의 계수와 관리는 교회에서 모범이 될 만한 사람들을 세워서 깨끗하고 정확하게 관리되

---

24) Byz ℵ A C D $it^{d}$ vg $cop^{bo}$ arm 등에 있음.

25) *The Greek New Testament According to the Majority Text,* ed. Zane C. Hodges and Arthur L. Farstad, 2nd. ed. (Nelson, 1985).

어야 한다. 헌금에 대한 범죄는 하나님의 징벌을 받을 큰 죄가 된다. 넷째, 성경이 보이는 헌금의 기준은 풍성하게 드리는 것이다. 하나님께서는 이스라엘 백성에게 소득의 온전한 십일조와 헌물을 드리게 하셨다. 그것은 신약시대에도 헌금의 모범이 된다. 주 예수께서는 "너희를 위하여 보물을 하늘에 쌓아두라," "네 보물 있는 그 곳에는 네 마음도 있느니라"고 말씀하셨다(마 6:21). 사도 바울은 고린도후서 8:7에서 "오직 너희는 믿음과 말과 지식과 모든 간절함과 우리를 사랑하는 이 모든 일에 풍성한 것같이 이 은혜[헌금]에도 풍성하게 할지니라"고 말했다.

둘째로, 우리는 성도의 아름다운 사랑의 교제를 귀히 여기며 사모하며 나누어야 한다. 사도 바울은 고린도에 머물며 고린도교인들과 함께 교제하고 겨울을 지나기를 원했다. 우리는 모든 일을 사랑으로 행해야 한다. 교회의 교회다운 점은 성도들 상호간에 서로 사랑하는 데 있다.

셋째로, 우리는 전도자들을 위해 또 그들을 통해 하나님의 복음 사역이 힘있게 이루어지기를 위해 기도해야 하고, 또 전도자들을 존중하고 귀하게 여기며 그들에 대한 합당한 예절을 갖추어야 하고 또 그들에게 복종하고 또 그런 자들을 인정하고 사랑해야 한다. 물론, 주의 일을 하는 자들은 부득이 함으로나 억지로 하지 말고 자원함으로 해야 한다.

넷째로, 우리는 깨어 믿음에 굳게 서고 남자답게 강건해야 한다. 우리는 주의 재림을 기다리며 깨어 있어야 한다. 깨어 있는 삶은 정상적인 신앙생활을 가리킨다. 또 우리는 하나님과 그의 약속들을 믿는 믿음에 굳게 서야 한다. 또 우리는 남자다워야 하고 강건해야 한다.

다섯째로, 우리는 우리를 위해 죽으시고 다시 사신 구주 예수 그리스도를 참으로 사랑해야 한다. 그것은 선택사항이 아니고, 필수사항이다. 바울은 누구든지 주를 사랑하지 않으면 저주를 받을 것이라고 말했다.

여섯째로, 우리는 주 예수님의 재림을 간절히 소망해야 한다. 주 예수께서 하늘로부터 영광 중에 다시 오시면, 교회 안팎의 모든 일들과 온 세상의 모든 일들을 다 심판하시고 선악간에 보응하실 것이다.

**저자 소개**

연세대학교 문과대학 철학과 졸업 (B.A.).
총신대학 신학연구원[신학대학원] 졸업 (M.Div. equiv.).
미국, Faith Theological Seminary 졸업 (Th.M. in N.T.).
미국, Bob Jones University 대학원 졸업 (Ph.D. in Theology).
계약신학대학원 교수 역임, 합정동교회 담임목사.
〔**역서**〕 J. 그레셤 메이천, 신약개론, 신앙이란 무엇인가? 등 다수.
〔**저서**〕 구약성경강해 1, 2, 신약성경강해, 조직신학, 기독교교리개요, 기독교 윤리, 현대교회문제, 자유주의 신학의 이단성, 에큐메니칼운동 비평, 복음주의 비평, 현대교회문제자료집, 천주교회비평 등.

---

**고린도전서 강해**

1999년 10월 30일 1판
2018년 1월 11일 2판
2023년 7월 28일 3판

**저 자 김 효 성**

**발 행 처 옛신앙 출판사**
*Old-time Faith Press*
**www.oldfaith.net**

서울 마포구 합정동 364-1
**합정동교회** 내
02-334-8291, 9874
oldfaith@hjdc.net

등록번호: 제10-1225호

ISBN 978-89-98821-80-7 03230


♣ '**옛신앙**'이란, 옛부터 하나님의 선지자들과 주 예수 그리스도의 사도들이 가졌던 신앙, 오직 정확 무오(正確無誤)한 하나님 말씀인 신구약 성경에만 근거한 신앙, 오늘날 배교(背敎)와 타협의 풍조에 물들지 않는 신앙을 의미합니다.

"여호와께서 이같이 말씀하시되 '너희는 길에 서서 보며 **옛적 길** 곧 **선한 길**이 어디인지 알아보고 그리로 행하라. 너희 심령이 평강을 얻으리라' 하나, 그들의 대답이 '우리는 그리로 행치 않겠노라' 하였으며"(렘 6:16).

# 옛신앙 출판사 서적 안내

1. 김효성, **현대교회문제**. [6판]. 204쪽. 4,000원.
2. 김효성, **자유주의 신학의 이단성**. [2판]. 170쪽. 4,000원.
3. 김효성, **에큐메니칼운동 비평**. 158쪽. 6,000원.
4. 김효성, **복음주의 비평**. 193쪽. 6,000원.
5. 김효성, **천주교회 비평**. [2판]. 97쪽. 3,000원.
6. 김효성, **이단종파들**. [6판]. 70쪽. 700원.
7. 김효성, **공산주의 비평**. [6판]. 44쪽. 2,000원.
8. 김효성, **조직신학**. [2판]. 627쪽. 6,000원.
9. 김효성, **기독교 교리개요**. [10판]. 96쪽. 2,500원.
10. 김효성, **기독교 윤리**. [6판]. 240쪽. 4,500원.
11. 김효성, **신약성경 전통본문 옹호**. 166쪽. 4,000원.
12. 김효성, **기독교 신앙입문**. [10판]. 34쪽. 600원.
14. 김효성, **창세기 강해**. [4판]. 356쪽. 7,000원.
15. 김효성, **출애굽기 강해**. [2판]. 204쪽. 4,000원.
16. 김효성, **레위기 강해**. [3판]. 164쪽. 4,000원.
17. 김효성, **민수기 강해**. [2판]. 182쪽. 4,000원.
18. 김효성, **신명기 강해**. [2판]. 184쪽. 4,000원.
19. 김효성, **여호수아 사사기 룻기 강해**. [3판]. 216쪽. 4,000원.
20. 김효성, **사무엘서 강해**. [3판]. 233쪽. 5,000원.
21. 김효성, **열왕기 강해**. [3판]. 217쪽. 5,000원.
22. 김효성, **역대기 강해**. [3판]. 255쪽. 6,000원.
23. 김효성, **에스라 느헤미야 에스더 강해**. [3판]. 132쪽. 4,000원.
24. 김효성, **욥기 강해**. [2판]. 195쪽. 4,000원.
25. 김효성, **시편 강해**. [3판]. 703쪽. 10,000원.
26. 김효성, **잠언 강해**. [3판]. 623쪽. 10,000원.
27. 김효성, **전도서 강해**. [3판]. 84쪽. 3,000원.
28. 김효성, **아가서 강해**. [3판]. 88쪽. 3,000원.
29. 김효성, **이사야 강해**. [3판]. 406쪽. 8,000원.
30. 김효성, **예레미야 및 애가 강해**. [2판]. 359쪽. 6,000원.
31. 김효성, **에스겔 다니엘 강해**. [2판]. 293쪽. 6,000원.
32. 김효성, **소선지서 강해**. [2판]. 318쪽. 6,000원.
33. 김효성, **마태복음 강해**. [2판]. 340쪽. 6,000원.
34. 김효성, **마가복음 강해**. [3판]. 223쪽. 5,000원.
35. 김효성, **누가복음 강해**. [3판]. 363쪽. 7,000원.
36. 김효성, **요한복음 강해**. [3판]. 281쪽. 5,000원.
37. 김효성, **사도행전 강해**. [3판]. 236쪽. 4,000원.
38. 김효성, **로마서 강해**. [3판]. 145쪽. 4,000원.
39. 김효성, **고린도전서 강해**. [2판]. 122쪽. 3,000원.
40. 김효성, **고린도후서 강해**. [2판]. 100쪽. 3,000원.
41. 김효성, **갈라디아서 에베소서 강해**. [2판]. 169쪽. 4,000원.
42. 김효성, **빌립보서 골로새서 강해**. [2판]. 143쪽. 4,000원.
43. 김효성, **데살로니가전후서 빌레몬서 강해**. [2판]. 92쪽. 3,000원.
44. 김효성, **디모데전후서 디도서 강해**. [2판]. 164쪽. 4,000원.
45. 김효성, **히브리서 강해**. [3판]. 109쪽. 3,000원.
46. 김효성, **야고보서 베드로전후서 강해**. [2판]. 145쪽. 4,000원.
47. 김효성, **요한1,2,3서 유다서 강해**. [2판]. 104쪽. 3,000원.
48. 김효성, **요한계시록 강해**. [2판]. 173쪽. 4,000원.

☆ **주문: oldfaith.net/07books.htm 전화: 02-334-8291**
☆ **계좌: 우리은행 1005-604-140217 합정동교회**